어쩌다 만난 재능

어쩌다 만난 재능

삶의 굴곡 속에서 빛난 행복

문주리 지음

Prolog

　글이라고는 남자친구에게 쓴 위문편지가 전부인 내가 어느 날 글을 쓰겠다고 앉았다. 핸드폰도 없던 시절, 유일한 소통 창구가 되어준 것이 편지다. 어떤 날은 노트 한쪽 구석에 쓰고, 어떤 날은 이쁜 편지지에 그림까지 그려가며 썼다. 보고픈 마음에 주절거리던 귀여운 편지였다.

　고무신 거꾸로 신을까 걱정했던 남자친구에게 입대 전 100통을 쓰겠다고 약속해서 편지 봉투마다 숫자를 써서 보냈다. 어느 날 300통이 넘었다는 걸 알고는 일방통행인것 같아서 자존심이 상해 횟수를 줄였던 기억도 있다. 그러나 30년이 지난 지금 나는 편지 한 통 쓰지 않는다. 오히려 남편이 된 남자친구는 한결같이 때마다 편지를 쓰는데도 말이다.

　그 시절 남자친구는 지금껏 나를 붙잡아준 기둥이고, 힘들 때 버티게 해준 동지였다. 사랑하는 가족을 만들어 준 1등 공신이기도 하다. 덕분에 과하게 사랑받는 며느리가 되었고, 기적같이 잘 자라 준 두 아들 덕분에 양쪽 팔짱이 든든한 엄마가 되었다.

누군가 그랬다. 평범한 게 세상에서 가장 어렵다고. 나는 평범한 삶마저도 사치라 여기며 자랐다. 우선순위에서 언제나 가족을 제외한 부모님 이야기. 그럼에도 꿋꿋하게 잘 자라난 4남매 이야기는 남매 모임 아니면 남들 앞에서는 부끄러워서 꺼내지 못하는 소재였다.

가족 이야기를 소재로 쓴 첫날을 잊을 수 없다. 글쓰기 작가님의 '아무 일도 일어나지 않아요.'라는 말은 사실이었다. 오히려 용기가 된다고 하고 위로가 된다고 하는 블로그 이웃이 생겼다. 나의 비루한 삶과 설움이 글감이 된다는 게 신기했고 그 글이 되려 나를 위로하는 걸 느끼기도 했다.

내가 일할 수 있었던 건 시어머니와 함께 살았기에 가능했다. 헌신적인 어머니의 배려 덕분에 우리 집은 흔들릴 뻔한 위기마다 털고 일어날 수 있었다. 어머니에게 감사한 마음을 글로 듬뿍 담아드리고 싶은 마음이 간절했다. 당연하게 받기엔 그 품이 하도 크고 넓어서 감히 따라 하기도 벅차다. 그런 할머니를 존경하는 손자가 내 아들이기에 더욱 감사하다. 그런 분이 내 시어머니라 나는 행운아 중에 최고의 행운아다.

어쩌다 들어간 회사에 28년째 다니고 있다. 글을 쓰기 전에는 이직 한 번 못해본 무능한 사람이라고 나를 한심하게 바라본 적이 있었다. 남들은 이곳저곳 회사를 잘만 바꾸는 것 같은데 대학 졸업하고 들어온 회사를 지금껏 계속 다니고 있으니 나 혼자만 고여 있는 것 같아 주눅이 들기도 했었다. 글을 쓰면서 한 우물을 판 나를 칭찬하고 격려하는 블로그 이웃들이 생겨났다. 그 힘으로 나는 나를 토닥이는 글을 쓰게 되었다. 내 글이 나를 응원하고 힘이 되어 주었다. 28년 한 회사를 잘 다닌 건 무능이 아니라 재능이었다.

　덕분에 다른 건 못 해도 한가지는 잘하는 사람이 되어가는 중이다. 일등을 해본 적 없지만, 욕먹지 않을 정도는 하고 있으니 그거면 되었다. 곁에 있는 동료가 힘이 되고 또 내가 그들에게 작게나마 힘을 줘서 서로를 성장시키고 있다. 기다림과 배려는 사람을 자라게 하는 중요한 자양분이었다. 농사꾼이 밭에 씨앗을 심어 열매가 되기까지 수고하는 모든 마음이 이곳에 있었다. 덕분에 감사함을 배웠다. 사람을 아껴야만 한 사람의 마음을 얻을 수 있다는 것을 시간과 경험으로 익혔다. 배움에는 언제나 고통과 비용이 따르는 법이다. 거기에 진심은 필수요소였다.

　세 살짜리 아이도 저 이뻐하는 건 다 안다. 따스한 눈빛과 정성으로 아이의 말을 들어주려고 노력했다. 그게 숫자 하나, 단어 하나보다 더 중요할 수 있으니까 말이다.

　고객 만족을 사명으로 알고 일했다. 내가 가르쳤던 아이들과 학부모님들, 지국에 있는 모든 선생님이 나의 고객이다. 아이들만 잘 가르치는 게 내 역할이 아니다. 그들에게 맞춤 서비스하는 것이 내 일이고, 그들을 더 좋게 만드는 것 또한 내 목표다. 목표에는 계획이 수반되는데 개인별, 능력별 다른 계획을 세우고 그것을 지켜나가기 위해 지루할 틈 없는 일상을 만들어 갔다. 언젠가 그들이 나와 회사를 떠나는 날 '덕분에 참 좋았다.'라는 맘을 품었으면 하는 작은 소망이 있다.

　50세가 넘으면서 조급한 마음의 성질이 달라짐을 느꼈다. 그동안 숨 가쁘게 일만 하며 살았다. 애들은 알아서 컸다고 생각했는데 곁에 어머니가 계셨고, 회사 일은 내가 열심히 해서 돌아가는지 알았는데 상사와 동료, 선생님들이 함께해서 돌아가고 있었다. 한 걸음 천천히 걸어도 아무 일도 일어나지 않고, 오히려 주변을 돌아볼 수 있는 아량도 생겼다. 감사할 일이 생기고, 표현도 하는 날이 늘어나면서 조금 괜찮은 어른이 되어가고 있다는 착각마저 든다.

블로그에 글을 쓰면서 내가 남들과 다르게 변화무쌍한 삶을 살아왔다는 걸 알았다. 말로만 "내 일생을 글로 쓰면 책 몇 권은 나오지." 했는데 진짜 책이 나오게 되었다. 지나고 보니 삶은 굴곡졌지만, 좌절하거나 꺾인 적은 없었다. 때를 맞춰 사람을 채워주고 보내주는 것을 보면 신의 영역이 아니면 말로는 설명이 되질 않는다. 하나님의 기적이 나에게도 이뤄지고 있었다.

내 나이 쉰에 본격적으로 책을 읽기 시작했고, 책을 읽다가 글을 쓰게 되었다. 글을 쓰다 보니 책을 써보자는 【매일매일 글쓰기】임은자 작가님의 제안에 한동안 망설였다. 글이 책이 되는 것은 다른 차원의 이야기니까. 긴 시간 머뭇거리고 더듬거리며 여기에 이르렀다.

글을 쓰면서 나는 나를 좀 더 좋아하게 되었다. 누군가에겐 용기가, 누군가에겐 위로가 되는 글이면 좋겠다. 사랑하는 가족이 곁에 있다면 한 번 안아주는 시간이 되었으면 좋겠다. 어린 자녀를 두고 일 나가는 부모님들에게 조금이라도 희망의 글이 되길 바란다. 부족한 글이지만 좋은 바람을 일으키는 책이길 바라본다.

2025년 새해에
문주리

차례 ○ 문주리의 행복 재능

프롤로그 04

제1부
재능과 손잡다

어쩌다 만난 재능	15
트렁크 끌고 다니는 학습지 선생님	22
머리부터 발끝까지 다 사랑스럽게 보기	26
전교 꼴찌가 대학에 들어갔다고?	31
니가 왜 거기서 나와? (부제: 원수는 외나무다리에서 만난다)	36
꿈은 꾸어야 이루어진다	41
어머님이 구하사	46
맘대로 키워라	50
대기발령이라구?	54
드디어 정사원이 되다	58
이런 고객 사절합니다	62

제 2부

고개 넘어 또 고개

아버지의 이름, 자유	69
44 사이즈 서울 여자	74
공주마마의 살림법	78
망하는 게 취미	82
이럴 거면 왜 우리를 낳았어?	86
대한민국 K-장녀	91
살아남기, 각자의 땅으로	95
많을수록 좋은 것	100
이양과 김 씨	105
엄마 없는 하늘 아래	110

제 3부

문주리는 이문주

스무 살, 그를 만나다	117
이 결혼 무효야	123
어머님의 선물	128
첫 아이가 찾아온 그날 밤	132
밥벌이에 미치다	136
이 남자의 야망	140
모두 제자리	145
서울에서 내 집 마련	149
아낌없이 주는 나무 (어머니)	153
냄비 하나 들고 캠핑	158

제 4부

다시 봄

생의 한가운데 서서	163
50에 만난 독서	167
한국사는 취미입니다	171
역사를 공부하는 진짜 이유	175
별에서 온 아이	180
따밥	184
나에게 주는 선물	188
간과 쓸개는 냉장고에 넣어 두고 출근하기	192
드디어 나도	196
에필로그	200

아이가 태어나 자라는 동안
뜻대로 되지 않았던 수많은 날.
우는 아이들과 울던 내가 여기에 왔다.

아이들은 열심히 산
엄마의 뒷모습을 보고 자랐다.

부족한 엄마에게서 기적같이 멋지게 자라 준
아이들에게 미안하고 기특하고 고맙다.
그런 아이들을 보면 때론 뭉클하다.

재능과 손잡다

어쩌다 만난 재능

여유로운 모습을 보이시던 선배는 문밖을 나오자마자 마치 100미터 달리기 선수처럼 달리셨다. 갑작스러운 달리기에 당황했으나 이유를 물어볼 틈도 없이 나도 따라서 같이 달려야 했다. 선배는 엘리베이터보다 더 빨리 계단을 뛰어서 오르내렸다. 누가 봐도 한두 번 해본 솜씨가 아니다. 준비운동도 예고도 없는 달리기에 심장이 튀어나올 것만 같았다.

다음 집에 가더니 선배는 방금 뛰어왔다는 것을 믿을 수 없을 정도로 아무 일 없다는 듯이 평온하게 수업하셨다. 나중에 알고 보니 다른 선배들도 다 이렇게 한다고 했다. 이게 나의 일상이 될 줄은 상상도 못 한 채.

대학을 졸업할 때쯤 IMF가 터졌다. 예상치 못한 일이다. 아무리 세상이 뒤숭숭해도 내 일이 아닌 줄만 알았다. 아니 내 일이면 절대로 안 되는 일이었다. 대학 졸업하면 자연히 취직해 직장인이 되는 줄 알고 대학 4년을 보냈다. 다들 그랬으니까 나도 그럴 줄 알았다. 아무도 그 믿음에 의심하는 이가 없었다. 1997년 겨울, 당연한 취업이 우리에겐 허락되질 않았다. 기업들이 줄줄이 도산하고 매년 뽑던 신입사원을 뽑는 회사는 없었다. 그해 대학 졸업생과 취준생들은 절망했다. 일하던 사람들도 잘리는 마당에 신입이 대수랴.

졸업하고 취직해서 빨리 돈 벌고 싶어서 휴학 한번 하지 않고 겨우 다닌 대학이다. 4년 내내 등록금 마련한다고 하루도 쉬지 않고 닥치는 대로 아르바이트했다. 학교 다니면서도 매 학기 당연히 내는 등록금이 버겁고 눈물겹게 서러웠다. 그래도 4년만 하면 끝날 것을 알았기에 숨 막히게 힘들었어도 참고 버틸 수 있었다. 졸업하면 더 이상 등록금을 벌지 않아도 된다는 소박한 꿈을 꾸는 나에게 그 희망마저도 과분한 걸까? 갑자기 닥친 IMF에 또다시 한 치 앞도 내다볼 수 없는 상황이 된 것이다.

학생들은 졸업하기 전 취업 준비를 하느라 바쁘다. 도서관마다 꽉 차 있는 모습을 보면 숨이 막혀온다. 하지만 상황이 이렇게 흘러가다 보니 맥없이 시간이 남아돌면서 바쁠 일이 없어졌다. 동기들 몇몇은 대학원으로 방향을 틀거나, 학교에 남아서 조교를 하며 장학금으로 공부를 이어가기도 했다. 대학원 등록금까지는 더 이상 벌어서 낼 재주가 없던 나는 말이 좋아서 취준생이지 그야말로 백수가 되었다. 어쩔 수 없는 선택에 세상을 향한 분노를 참을 수 없었다.

졸업식은 1998년 2월. 졸업식을 한 달 앞두고 돈 없고 취직도 못 한 나에겐 그해 겨울은 유난히 춥고 서러웠다. 말하지 않으면 아무도 모를 백수인데도 평일 대낮에 밖에 나가는 것조차 동네 사람들 눈치가 보였다.

그날은 무슨 바람이 불었던지, 동네 목욕탕이나 가서 때라도 밀면 좋은 일이 생기지 않을까 하는 근거 없는 희망으로 집을 나섰다. 목욕탕을 즐겨 다니지도 않는데 그날은 뭐에 이끌렸는지 모르겠다. 동생이랑 슬리퍼 끌고 목욕탕 건물 2층을 올라가 문이 빼꼼 열린 사무실을 보았다. 목욕탕은 지하인데 굳이 2층에 올라간 이유를 지금 생각해도 알 수 없다.

사람은 몇 명 없는데 안이 제법 넓었다. 갑자기 그곳이 왜 궁금했을까? 안을 슬쩍 들여다보았다. 대학교 들어가기 전 고등학생이 학교를 궁금해하는 것처럼 취직한 사람들은 어떤 사무실에서 일하는지 궁금했을지도 모르겠다. 머리만 살짝 옆으로 디밀었는데 어떤 남자분이 우리를 보고선 들어오라고 했다. 이건 예상치 못한 일이다. 몰래 보다 들켰으니 도망갈까, 모른 척 내려갈까? 그 짧은 순간 많은 생각이 들었다. 그러나 어느샌가 우리는 사무실에 발을 들이밀고 있었다. 목욕 바구니를 들고 들어간 첫 발걸음이 나를 어디로 이끌지 알지 못한 채로 말이다.

안내해 주시는 의자에 앉았다.
"지나가다가 뭐 하는 곳인지 궁금해서 들여다봤는데…"라고 했더니, 이곳은 가정 방문 학습지 회사이고 그분은 이곳 책임자인 지국장이라고 자기를 소개했다. 그동안 아이들 교육엔 관심도 없었고 어릴 때 친구가 하던 학습지를 부러워했던 기억이 전부인 나에게 지국장님이 이런저런 설명을 했다. 그중에 공부를 스스로 하는 아이로 만든다는 말이 귀에 확 꽂혔다. 그 말이 얼마나 멋있었던지 느닷없이 이 일을 꼭 해보고 싶단 생각이 들었다. 초등학교 다닐 때 꾸었던 수많은 꿈 중에 선생님이 되고 싶다는 꿈도 있었다. 하도 오래되어서 기억에도 사라진 직업이 아니었던가. 갑자기 선생님이 된다니, 생각지도 못했던 일이다. 학습지 선생님이 근사해 보이기까지 했다.

지국장님은 내일 다시 와서 현장 수업을 체험해 보고 마음에 들면 신입 연수를 들어가야 한다고 했다. 마음에 든다는 것은 누구의 마음인지는 물어보지 못했다. 나의 마음일지 지국장님의 마음일지. 일을 하겠다고 한 것도 아닌데 어쩌다 보니 예비 합격이란다. 그토록 바라던 취업이 여기서 이뤄질 줄은 꿈에도 몰랐다. 비록 '예비'란 말이 붙긴 했으나, 붙잡아야 할 직장이었고, 반드시 합격해야 할 의무가 있었다.

다음날 선배 선생님을 따라다니면서 실제 선생님이 어떤 일을 하는지 현장 체험을 하게 되었다. 선생님은 엘리베이터가 열리면 복도에서부터 아이 이름을 부르면서 들어가셨다.

"재능아~"

소리가 어찌나 크고 우렁찬지 복도가 들썩했다. 재능이가 누구인지 나와서 얼굴을 봐야만 할 것 같았다. 아이랑 엄마는 문 앞에 공손하게 나와서 선생님을 맞이하였다. 공부 시간은 생각보다 짧았지만, 선생님과 아이가 서로를 대하는 자세는 사뭇 진지했다. 공부 끝나고 이어지는 상담 시간. 어머니가 얼마나 열심히 집중하는지, 숨소리도 내지 못할 정도로 엄숙했다. 주책맞게 잔기침이 나올지 몰라 침도 살살 삼켰다.

선생님과 아이가 수업하는 곳에서 조금 떨어져서 살짝살짝 어깨너머로 봐야 한다. 옆에서 보는 나는 방해되지 않도록 그림자, 아니 투명 인간이 되어야 했다. 한쪽 구석에 쪼그리고 앉아서 들었더니 다리가 점점 저렸다. 코에 소용도 없는 침을 발라가며 저린 다리를 주무르면서도 수업하는 것을 틈틈이 메모 했다. 뭘 메모해야 하는지 모르지만, 신입은 그래야만 할 것 같았다. 수업을 마치고 다른 집으로 가는 시간엔 전력 질주를 해야 하기에 선배님 수업 시간 틈틈이 요령껏 옆에서 쉬어야 했다. 거친 숨도 살살 고르고 이쁘게 보이려고 신고 간 구두때문에 아픈 발가락도 주물러야 했다. 그것도 몇 시간 따라다니면서 눈치로 알아챈 것이다.

수업 끝나고 현관에 나왔을 때 입구 쪽으로 가지런히 돌려놓은 신발을 봤다. 급하게 대충 벗어놓은 게 갑자기 부끄러웠다. 한편으로는 집에 온 선생님의 신발을 맨손으로 돌려놓았을 어머님의 배려가 감사했다. 그동안 이런 귀한 대접을 받아본 적 없던 나였기에 감동은 배가 되었다. 수업을 마치고 선생님은 아이와 어머니에게 공손하게 허리를 굽혀서 90도로 인사를 하셨다. 비굴해 보이지 않았다. 오히려 서로에게 예의 바른 모습이 존경스러웠다. 인사가 이리도 아름다워 보일 수 있다는 사실에 놀라웠다.

수업을 따라다녀 보니 선배님은 단 5분도 쉴 시간이 없었다. 수업은 거의 밤 9시 30분이 넘어서 끝이 났고 50대인 선배님은 그 시간까지 쌩쌩했는데 20대 초반인 나는 거의 녹초가 되었다. 집까지 어떻게 걸어왔는지 기억이 나질 않는데 다리와 발이 퉁퉁 부었다는 것은 잊을 수가 없다. 겨우 발을 구두 속에 구겨 넣고 집에 돌아와 쓰러졌다.

나중에 들은 이야기론 일부러 제일 힘든 날을 골라서 현장 수업에 데려간 거라고 했다. 힘들면 버티지 못하는 신입사원들이 대부분이란다. 나를 보니 한 달도 못 버티게 생겨서 입사 전에 포기시키려고 했다고 한다. 그것도 모르고 나는 비록 하루였지만 몸은 힘들어도 재미있어 보였고, 보람도 느낄 수 있는 일이라고 생각했다. 평생 해야 할 밥벌이에 재미와 보람은 바란 적 없는데 이거야말로 행운 아닌가?

회원 어머님의 돌려놓은 신발에 마음을 빼앗겨 버려 합격만 시켜준다면 열심히 하는 것은 물론이고, 즐겁게 다니겠다고 다짐까지 했다. 다행히 국장님은 나를 합격시켜 주었다.

그렇게 해서 나는 졸업전에 98-3기에 운 좋게 입사하게 되었다. 기적의 백수 탈출이다. 위기의 IMF를 뚫고 취직이 된 것이다. 목욕탕 가는 길에 우연히 만난 재능교육이 내 삶의 일부, 내 삶의 전부가 되리란 생각은 미처 하지 못한 채 말이다. 잠깐 다니다 세상이 안정되면 전공을 살려 영양사를 하면 된다고 내 스스로를 다독였다. 그래야 힘들게 대학 다닌 값을 한다고 생각했었다. 앞으로 이곳에서 울고 웃으며 나의 20대, 30대, 40대 전부를 보내고 심지어 정년까지 바라보게 될 줄을 누가 알았을까? 사람일 아무도 모른다더니 계획대로 되지 않는 게 인생사인가 보다.

트렁크 끌고 다니는 학습지 선생님

입사 후 처음 수업을 맡은 곳은 서울 강남구 일부 지역이었다. 이제 갓 대학 졸업한 젊은 여자 선생님이 온다니 반기는 어머니들이 간혹 있었다. 하지만 교사 경력이 없다고 걱정하신 분이 더 많았다. 그 부분이 가장 염려가 되는 부분이었다. 신입을 좋아하는 어머니들은 거의 없었다. 부모님들은 교사 경력이 많고 실력도 뛰어나며 아이들을 잘 이끌어 줄 수 있는 교사를 원한다. 거기다 이쁘고 상냥하고 예의 바르기까지 해야 아이들이 잘 따른다. 나에게 부족한 부분을 어떻게 채울지 난감했다.

나도 내가 걱정스러운데 아이를 맡기는 부모님 마음은 오죽할지 충분히 이해한다. 일을 하겠다고 했으니, 새로 오는 교사를 불안해하는 어머니 마음부터 잡아야 했다. 신입은 그저 공부밖에 없었다. 교재 공부는 물론 전체교사 교육을 빠지지 않고 들어서 최근 교육 트렌드도 익혀야 했다. 잘 배워야 현장에서 써먹을 수 있기에 작은 일도 허투루 할 수가 없었다.

  선생님의 나이가 어려도 집에 오는 선생님을 예의 바르게 대접하는 집이 많았다. 선생님께 깍듯한 아이가 공부도 잘했다. 아마도 선생님 말씀을 잘 들으면, 하나라도 더 배우니 공부를 잘하게 되는 건 아닐까? 어떤 어머니들은 아이들이 예의 없이 굴면 대놓고 혼내라고도 했다. 개구쟁이들이 간혹 있었지만 그래도 아이들이 하나같이 이뻤다. 제아무리 장난꾸러기라도 저 이뻐하는 건 다 안다. 아이가 좋아하면 어머님들도 무조건이다. 좋은 건 다른 사람에게 저절로 소개하게 된다. 어머님들이 소개해 준 덕분에 회원은 꾸준히 늘어났다. 일이 재미가 있었다. 자기가 일한 만큼 돈 받는 성과 제도도 마음에 들었다.

  선생님을 따르는 회원에게 진심으로 대했고 성의 있게 지도했다. 진심은 통했다. 동네에서 소문이 나기 시작했다. 내가 맡은 지역에서 책임감은 필수다. 누구도 내 수업을 대신할 수 없다. 선생님의 자기관리 역시 필수다. 일주일 동안 아이들은 숙제를 열심히 해 놓는다. 일주일에 한 번 만나는 선생님을 아이들은 내내 기다린다. 건강한 몸과 상냥한 말투와 예의 바른 자세는 선생님에게는 중요한 요소다. 거기에 실력과 열정까지 있다면 스타 교사가 되는 것이다.

  9박 10일 신입 연수가 끝나고 각자 지원한 지국에 발령받았다. 신입 선생님들이 오자마자 지국에서는 일부 지역 아이들을 배정해 준다. 신입 선생님들은 알아서 공부하고 모르는 것을 물어봐야 한다. 물어보지 않으면 아무도 알려주지 않는다. 저절로 질문이 많아졌다. 하나라도 더 배우려고 선배들을 귀찮게 쫓아다녀야 했다.

주말에도 야외에서 행사가 있으면 선배들이랑 나가서 같이 했다. 지나가는 아이들에게 풍선을 나눠주고 어머니들에게 홍보물을 나눠주는 일이 재미있었다. 그런 나를 선배들은 신기하게 봤다. 밖에서 홍보하는 일에 대부분 신입은 쑥스럽다고 안 나오는데, 뭐가 그리도 신나서 콩콩거리며 뛰어다니는지 알 수가 없다고 말이다. 일 끝나고 마시는 맥주 한잔에 피로는 다 사라진다. 덕분에 회원들이 늘었다. 세상에 공짜는 없었다. 힘들게 노력한 만큼 결실을 맺는다는 것을 너무도 이른 나이에 배웠다. 혼자 하는 수업이지만, 협업이 더 중요하다. 회사 생활에 점점 빠져들었다.

수업이 갑자기 많아져서 가방이 무거워 들고 다닐 수가 없었던 적이 있었다. 그러다 생각한 것이 바퀴 달린 여행 가방이었다. 선물과 교재, 상담자료까지 들고 다녀야 하는데, 여행 가방은 그 모두를 넣고 다니기에 안성맞춤이었다. 처음에 가방을 끌고 들어간 날 어머니들과 아이들이 놀라서 입을 다물지 못했다. 선생님이 커다란 가방을 끌고 들어와서는 여행 다녀온 줄 알았다는 것이다. 가방을 열었더니 더 놀랐다. 방물장수처럼 선물과 교재가 한가득 들어 있으니 말이다. 아이들은 혹시 공부 잘하면 덤으로 선물을 받지는 않을까 하는 기대로 더 열심히 공부하기도 했다. 작은 선물 하나에도 감동하는 아이들에게 뭐라도 주고 싶은 선생님 마음이 가방에 가득 담겨있었다.

한동안 동네에서 '트렁크 끌고 다니는 선생님'이라고 소문도 났었다. 복장과 외모를 보아하니 분명히 승무원은 아닌 거 같은데 궁금했단다. 도대체 무슨 일을 하는 사람이기에 맨날 아파트 단지 안에서만 트렁크를 끌고 다니나 했단다. 생각보다 트렁크 바퀴 소리는 컸다. 20층 넘는 고층 아파트 사이사이 골목마다 울려 퍼졌다. 지나가면 한번은 쳐다보게 하는 소리였다. 가끔은 엘리베이터에서 무슨 일을 하러 다니냐고 물어보는 사람들도 있었다. 아이들 가르치는 선생님이라고 하면 아이가 있는 어머니들은 선생님 연락처를 받아 갔다. 트렁크가 홍보하는데, 크게 한몫을 한 셈이다.

자기가 맡고 있는 동네는 자신 외에 그 누구도 책임을 질 수 없다. 회원들 이름은 물론 동생과 집에 놀러 오는 친한 친구들 이름까지 기억해야 한다. 아이들은 이름을 불러주면 특별해진다. 아이들에게 학습이 필요해지면 전에 알고 지냈던 사람과 공부하고 싶어진다. 낯설지 않게 다가갈 수 있다. 친근한 사람과 함께하면 공부에 부담이 없어진다. 교사는 힘든 공부가 아닌 즐겁고 재미있는 수업이 되도록 준비하면 된다. 이 동네는 내 손 안에 있으니 나와 함께 하는 아이들을 최고로 만들어야 한다. 믿고 맡겨주시는 어머니들에게 최선을 다하는 선생님이 되기 위해 오늘도 힘을 내본다.

머리부터 발끝까지 다 사랑스럽게 보기

해가 짧아지고 있다. 가을을 지나 겨울이 다가오니 매주 같은 시간에 들어가지만, 아이들은 투덜거린다.

"선생님, 왜 이렇게 깜깜한 밤에 오세요?"

"6시 반 수업 시간 맞는데. 깜깜해서 밤인 줄 알았구나?"

"6시 반인데 밤이네요."

따뜻한 계절에 익숙해진 아이들은 깜깜해진 저녁이 못내 서운하다.

학원 끝나고 노을을 보며 집에 들어가던 아이들은 가로등 켜지고 한참 지나서야 집에 들어가는 것이 왠지 쓸쓸하단다. 어른만큼 할 일이 많은 요즘 아이들이 짠하기까지 하다. 나 역시 마찬가지다. 거리가 깜깜해지는 시간이면 집에 들어가고픈 마음이 간절하다. 여전히 수업은 많이 남았다. 힘을 내야 한다.

신입 시절 아침 일찍 출근하는 게 좋았다. 가끔 몇몇 선생님들이 나보다 일찍 출근했지만, 대부분은 내가 문을 처음 열고 들어간다. 청소도 하고, 책상 정리도 한다. 차 한잔으로 시작하는 아침이 행복하다. 회사에 내 자리가 있다는 것만으로도 감사할 때가 있다.

지난 교재를 훑어본다. 아이들이 숙제한 것에 틀린 것은 없는지 좀 더 꼼꼼하게 본다. 빠진 것은 없는지 마지막 점검을 한다. 지난 교재 정리하고 나면, 오늘 나갈 교재도 더 살뜰히 챙긴다. 회원 하나하나 생각하며 준비할 것을 빠뜨리지 않게 메모와 함께 가방을 싼다. 교재를 이중 삼중 챙기면 시간도 오래 걸리고 일이 많은데 그렇게 해야 회원 관리에 빈틈이 없다.

아이들과 약속한 선물도 미리 준비한다. 약속을 잘 지키고 숙제를 다 하면 가끔 선물을 준다. 그 재미로 아이들은 열심히 숙제한다. 선생님이 깜빡하고 선물을 빼놓고 가면 그날 수업은 시작도 못 하고 끝난 거나 다름없다. 선물 못 받았다고 서운해서 우는 아이를 달래느라 수업 못 할 때가 있다. 교재만큼 중요한 게 선물이다.

준비가 끝나면 지국에서 선생님들이랑 이야기를 나눈다. 밥도 같이 먹는다. 지국 선생님들은 한솥밥 먹는 사이다. 우리의 수다는 다 공부다. 지국장님과 선배들의 학부모 상담법을 배울 수 있는 시간이라 귀를 세우고 듣는다. 선배들의 방법을 다 듣는다고 내가 다 따라 할 수는 없다. 그중에 나랑 맞는 방법을 찾아야 한다. 그게 빠를수록 일을 잘하는 선생님이 된다.

좋은 선생님은 아이의 눈높이에 맞춰서 지도한다. 그러기 위해선 아이를 잘 관찰해야 한다. 아이가 일주일 동안 어떻게 공부했는지 그 속까지 들여다볼 줄 알아야 진짜 프로다. 신입 때는 알아도 흉내 낼 수 없는 기술이었다.

어느 날 한 선배가 아이를 이뻐해 보라고 했다. 진심으로 아이를 사랑하는 마음으로 보면 다 보인다고 했다. 그게 처음에 무슨 말인지 몰랐다. 나도 아이들 이뻐하는데, 뭐가 보인다는 건지 알 수 없었다. 눈에서 꿀이 떨어져야 한다고 했다. 꿀이 떨어진다는 건 어찌해야 하는 걸까? 나중에 결혼해서 아이를 낳아 키워보고서야 알았다.

비결은 아이 하나하나 관찰하고 관심을 가지고 보는 거였다. 거기에 맞는 학습법을 찾아주고 공부량을 정해주는 것. 다정하게 아이의 말에 귀를 기울이는 것. 아이들의 눈을 맞추는 것. 얼굴 보고 웃어주는 것.

결혼 전엔 아이들이 좋았는데 요즘엔 하나같이 이뻐 보였다. 좋은 것과 이쁜 것의 차이는 잘 모르겠지만 농도가 더 짙어진 건 사실이다. 부모님은 자기 아이를 누가 이쁘게 봐주는지를 안다. 많고 많은 선생님 중에 자기 아이 귀히 여기는 선생님을 좋아한다. 아이도 엄마도 선생님을 믿고 따르기 시작한다. 그 뒤로는 공부가 저절로 된다. 이 비밀을 몰랐던 신입 때는 공부만 잘 가르치면 되는 줄 알았다.

관리를 나가면 중간에 쉬는 시간이 없다. 회원과 공부하고 어머니와 상담을 마치고 나면 바로 다음 집 수업 시간이다. 대부분 아파트를 맡아서 하루 종일 단지 내를 뱅글뱅글 돌아다니면서 수업한다. 일을 시작하면서 나도 모르게 걸음이 빨라졌다. 누가 보면 경보 선수인 줄 알 것이다. 시간 맞춰 서둘러 다니다 보니 저절로 빨라질 수밖에.

아이들 유치원이나 학교 끝나고 집에 오는 시간부터 우리 선생님들이 일하는 시간이다. 사람마다 다르지만, 1시쯤 시작해서 늦으면 10시까지도 수업하는 선생님도 있다. 주 6일 수업하는 선생님도 있고, 주 1일 수업하는 선생님도 있다. 탄력 근무와 출퇴근 시간이 자유로워서 시간 관리만 잘하면 일을 처음 하는 사람도 아이를 키우는 주부도 얼마든지 할 수 있는 일이다. 각자 교재를 챙기고 자기 회원 수업만 하면 된다.

전체 조회 시간과 미팅 시간만 지키면 아무도 간섭하지 않아서 프리랜서처럼 일할 수 있다. 지국에 주부 선생님들이 많은 이유이기도 하다.

모든 일상을 회사 일정에 맞췄다. 심지어 결혼식도 수업에 별로 지장 안 받는 날로 잡았다. 길일이나 손 없는 날보다 수업이 먼저였다. 결혼하면 신혼여행을 가는 동안 빠진 수업을 조율하느라 결혼 전에 미리 진땀을 흘린다. 그래서 무엇보다 날짜 잡는 것이 중요하다.

결혼도 이사도 회사 일정에 맞춰야 했다. 학생들 학습 진도를 맞춰야 해서 시간표 조절하느라 바쁘고 힘들지만 그렇게 해야 한다. 그 모든 일정도 남편의 협조가 없었다면 불가능한 일이었다. 감사하게도 남편은 항상 잘 따라줬다. 지금도 집안 행사는 남편이 날짜를 조율하고 내 위주로 잡아준다. 심지어 여름휴가도 우리 회사 휴가에 맞춰 계획을 세운다. 어쩔 수 없는 상황을 남편은 짜증 한번 내지 않고 맞춰준다. 세상에 하나뿐인 내 편이 남편이라 감사하다.

해가 짧아지는 가을, 겨울. 매일 같은 시간 회원 집을 방문한다. 땅만 보고 살다 문득 하늘을 본 적이 있다. 지난주 그 시간에 봤던 노을 색깔이 달라져 있었다. 하늘빛이 매일 점점 어두움으로 변하고 있었다. 놀이터에서 노는 아이들도 하나, 둘 줄어서 깜깜한 놀이터만 남는다. 해가 짧아지면 밤이 쓸쓸해진다. 다들 집에 들어가서 가족들과 함께 보내는 시간에 나만 남의 집에 들어가는 행위가 가끔은 멋쩍다. 마지막 수업이 끝나면 서둘러 집에 갈 생각에 어둠인데도 발걸음이 가벼워 보인다. 내일 또다시 시작이다.

비록 뱅글뱅글 24시간 삶의 전부를 회사 생활에 맞춰 살아가지만, 내가 해야 할 일이 있다는 것이 가끔은 흥분된다. 내 능력을 인정해 주는 곳에서 나와 내 가족이, 나와 아이들이 함께 성장하고 있다.

전교 꼴찌가 대학에 들어갔다고?

아이들 가르치면서 깨달은 게 있다. 스승에게서만 배우는 건 아니라는 점이다. 내가 가르쳤지만, 오히려 나를 깨닫게 하는 아이들이 있다. 비록 처음에는 어른들 눈에 안 차서 어설프고 잘 못했던 아이들도 그들만의 때에 놀랍도록 성장하는 친구를 여럿 봤다. 사람마다 때가 있다는 것을 믿는다.

신입 교사 때 일이다. 부모님이 장사하느라 바쁘셔서 아이들 학습에 신경을 전혀 못 쓰던 자매가 있었다. 아버지는 달인을 소개하는 TV 프로그램에 여러 번 나올 정도로 자기 일에 최고였던 분이셨다. 집에는 아버지 초등학교 졸업장이 액자에 걸려 있었다. 아버지 최종 학력이란다.

"이건 우리 아빠 졸업장이에요. 초등학교만 나온 우리 아빠는 이게 자랑이래요. 맨손으로 일군 사업을 크게 일으켰으니까요. 우리 아빠 대단하죠?"

맨손으로 시작해서 가난하고 어려운 시절 얼마나 고생했을지 졸업장 하나가 다 말해준다. 어머니는 남편을 도와 같이 일을 하셨다. 두 분 다 아침 일찍부터 밤늦게까지 일을 해야만 했기에 아이들 공부까지 신경을 쓰기엔 벅찼을 부모님이다.

바쁘신 부모님은 아이들 학습을 학원이나 학습지에 맡기셨다. 오랜 시간 아이들은 학습지를 했고, 부족한 학습을 위해 학원도 여러 군데를 다녔다. 아무리 좋은 곳을 이곳저곳 다녀도 자기 할 일을 제대로 하지 않으면 소용없는 것이 공부다. 아이들은 학교 숙제는 물론이고 학원이나 학습지에서 내주는 숙제를 하지 않았다. 교재가 밀리니 학습효과가 떨어질 수밖에 없다. 부모님은 그 시간만큼이라도 배울 게 있을 거라며 공부의 끈을 놓지 않으셨다. 공부는 아이가 해야 한다. 어른들의 걱정과 달리 아이는 천하태평이었다. 아무리 어르고 달래도 그때뿐이었다.

특히 큰아이는 중학교 들어가면서부터 공부를 포기하고 집에서 빈둥거렸다. 학원도 다닐 수가 없었다. 실력이 떨어져서 받아주는 학원이 없었다. 학교도 재미없다고 안 다닌다는 걸 부모님이 고등학교 졸업장이라도 받아야 한다고 말려서 겨우 학교만 다닌 아이다. 아무것도 하고 싶은 게 없는 아이였다.

아이를 어떻게 해야 할지 오랫동안 고민했다. 어떤 과목에도 재미를 느끼지 못했다. 그즈음 회사에서 '중국어' 상품이 새로 출시 되어, 한번 해보자고 했다. 공부는 무조건 싫다고 하는 고등학생을 살살 달래며 시작이나 해보자고 했다. 아이는 생각보다 중국어가 쉽다고 했다. 처음으로 공부란 걸 해보고 싶다고 말했다. 해보자고 권했던 나도 놀랐고 어머니도 놀라셨다. 한편으로는 아이가 싫증 낼까 조심스러웠다.

기적이 일어났다. 숙제를 다 해놨다. 아이에겐 처음 있는 일이었다. 중국어는 새로 나온 과목이라서 시작하면 무조건 1번부터 해야 했다. 1번 교재는 초등학생이 알파벳만 알아도 할만한 내용이다. 고등학생이 그런 쉬운 교재를 봤으니 만만해서 할만하다고 말한 것이다. 그럼 하자! 아니 해보자!

아이는 그때부터 중국어만 했다. 그때가 고2였다. 주요 과목 다 놔두고 중국어만 하겠다고 해서 답답했지만, 그래도 뭐 어떤가? 뭐라도 한다는 게 무엇보다 중요했다. 아이는 중국어를 공부하면 할수록 재미있단다. 공부에 재미 붙인 아이가 대학에 가고 싶다고 했다. 전공도 중국어 관련된 학교로 가겠다고 말이다. 대학은 중국어 잘해서 가는 곳이 아니라 다른 과목도 공부해야 갈 수 있다고 했더니 자기도 하겠단다. 기초가 부족한 아이에게는 공부할 시간이 별로 없었다. 하지만 아이가 서울대 가겠다는 것도 아니고, 대학이란 목표가 생겼다니 한번 해보자고 했다. 빈둥거리던 딸이 공부한다고 하니 부모님은 놀라셨다. 공부하는 딸을 처음 보셨으니 그저 신기하고 기특하기만 하셨다.

아이는 수능까지 1년을 열심히 공부했다. 중국어는 고3 때도 하겠다고 해서 매주 한 번씩 만나기로 했다. 나는 중국어 수업 시간에 잠깐 응원하는 게 전부였다. 여태 안 하던 공부가 쉬울 리 있나. 하지만 아이는 마지막까지 포기하지 않았다. 열심히 공부하니 조금씩 성적이 올라가기 시작했다. 수학은 포기했지만, 영어랑 국어는 할 수 있다고 그것만 하자고 했다. 선택과 집중이었다.

결국에 서울 근교에 있는 대학교 중국어과에 들어갔다. 기적 같은 일이다. 전교 꼴찌가 대학에 합격하다니, 신문에 날 일이다. 어머니는 동네잔치를 하고 싶다고 하셨다. 어머니에게는 서울대보다 더 가치가 있는 학교였다. 어느 날 대학생이 된 아이를 길에서 만났다. 너무 이뻐져서 몰라볼 뻔했다. 전공책 끼고 다니는 모습에 뭉클했다. 고맙고 기특한 아이다.

이 아이는 나에게 '포기'라는 단어를 포기하게 만든 아이였다. 그 이후로 내가 맡은 아이는 절대 포기하지 않는다. 내 손을 잡은 아이는 먼저 손을 놓는 법이 없다. 학년보다는 자기 수준에 맞는 공부를 하도록 도와주었다. 그렇게 해야 아이는 할 의지가 생긴다. 자기가 할만해야 달려든다. 믿어주고 응원하면 다 할 수 있다.

사람에게는 자기만의 때가 있다. 기다려 주고 믿어줘야 하는데 그게 참 어렵다. 부모는 자식이 잘되라고 재촉하고 다그친다. 아이는 재촉한다고 잘하지 않는다. 아이의 속도를 인정해 줘야 한다. 오랫동안 아이들을 가르치면서 많은 아이와 부모님을 만났다. 잘하는 아이들은 이유가 있었다. 스스로 알아서 하는 아이는 거의 없었다.

부모님은 자식을 위해 관심과 응원, 그리고 독한 지구력이 필요하다. 초등학교, 중학교, 고등학교 12년은 장거리 마라톤과 같다. 초반에 너무 열심히 달려서 지쳐 떨어지면 안 된다. 마지막에 힘을 낼 수 있게 어릴 때 학습의 기초를 잘 잡아가면서 꾸준히 습관을 들여야 한다.

부모님에게는 기다릴 줄 아는 인내가 필요하다. 다른 사람 말에 흔들리지 말고 내 아이는 내가 지킨다는 심정으로 가야 한다. 공부뿐만 아니라 그게 뭐든 부모님은 아이의 응원단장이 되어야 한다. 선생님은 그저 옆에서 지지치 않게 버텨줄 버팀목일 뿐이다.

니가 왜 거기서 나와?

(부제: 원수는 외나무다리에서 만난다)

"안녕하세요. 선생님. 반가워요.
그동안 잘 계셨지요?
어떻게 이런 곳에서 만나냐?"
"아, 아, 안녕하세요.
그럼. 이, 이, 이만.
들어가 보겠습니다."
손이 떨렸다. 다리에 힘이 빠졌다. 엘리베이터에서 내려 바로 집에 들어가지 못했다. 두근거리는 가슴이 진정되지 않아서 주저앉고만 싶었다.

1998년 졸업도 하기 전 회사에서 진행하는 9박 10일 신입 연수를 다녀왔다. 오자마자 처음으로 수업받은 곳이 강남구 일부 지역 아파트였다. 신입연수원에서 대략 회사에 있는 전체 상품지식과 학부모 상담법의 기초를 짧게나마 배웠지만 실제로 아이들을 가르쳐 본 적 없는 나는 초반엔 일이 서툴렀다.

내가 맡아서 수업할 지역 중에 남자 교사가 하던 곳이 있었다. 여자 교사로 선생님 교체를 원하는 일부 어머니가 있었다. 젊은 여자 선생님이라 좋아하는 아이들도 있어서, 그 동네에서는 일이 수월했다. 덕분에 입소문도 나서 회원도 빠르게 늘어났었다.

일원동, 수서동에 있는 A와 B 관리지역에서는 나름 이름을 날리면서 승승장구했었는데, 유독 개포동에 있는 C 아파트에서만 회원이 줄줄 빠져나가는 것이다. 원인을 찾아야 했다. 열심히 했는데 억울했다. 누가 도와줄 수도 없었다. 어차피 내 일이니까.

여러 이유가 있었겠지만, 개포동에 있던 C 아파트는 우리 지국에서 가장 잘하는 스타 교사 J가 하던 지역이었다. 그런 곳을 신입 교사인 내가 이어받았으니 어머니들 눈에 찰 리가 없다. 오히려 다른 지역에서 안 하던 필살기를 펼쳐도 소용이 없었다. 자존심이 무척 상했다.

어떻게 하면 좋을지 궁리하고 있는데 이상한 소문이 들렸다.
"이번에 우리 아파트에 실력도 없는 초보 선생이 와서 이 동네 애들 다 망치고 있어! 이러다 애들 공부 못하면 어쩌냐. T 엄마도 이참에 학습지 그만둬."
알고 보니 그 지역 마당발 H 어머니. 자기가 전에 일했던 J 교사에게 소개해 준 어머니들에게 이제는 교사가 바뀌었으니 그만두라고 했다는 것이었다.

피가 거꾸로 솟는 기분이 이런 느낌일까? 너무나 화가 나는데 어디서 말도 못 하고 끙끙거렸다. 회원이 빠져나가서 시간이 빈 것을 알고는 남는 시간에 H와 H 동생을 더 오래 봐달라고 했다. 나는 그것도 모르고 어떻게 하면 마당발 H 어머니에게 잘 보일까 다른 집보다 더 시간과 정성을 쏟았다. 그런 나에게 뒤통수 때리는 짓을 하고 있었다니. 생각할수록 괘씸했다. 매달 H 어머니가 소개해 준 다른 아이들은 하나둘씩 빠져나갔고, 회원은 점점 줄어서 몇 명 남지 않았다.

사태가 심각해지자 지국에서는 그 지역을 다른 교사에게 넘기라고 했다. 얼마 남지 않은 회원에게 마지막 인사를 하던 날. 다른 어머니들은 어린 선생님이 그동안 고생했다고 위로와 격려를 해주셨다. 하지만 H 어머니는

"그렇게 일하다가는 이 일도 얼마 못 하겠어."

하면서 비아냥거렸다. 분통이 터졌지만, 이를 바드득 갈고 조용히 물러나야 했다. 그 이후로 H 어머니는 한동안 수업을 계속 이어 했다는 소리를 들었다. 물론 회원은 거의 늘어나지 않아서 새로 바뀐 선생님도 힘들어했다는 소리까지도.

시간이 한참 흘러 아이 두 명을 낳고 집에서 4년 정도 일을 쉴 때였다. 우리 집은 3층이었는데, 6층에 새로 이사 오는 사람을 엘리베이터 안에

서 보았다. 갑자기 몸이 굳었다. 전에 나를 괴롭혔던 그 H 어머니였다. 시간이 10년도 더 지났는데 그 얼굴이 또렷이 기억났다. 나는 하나도 반갑지 않았는데 그 어머니는 나를 너무도 반가워하는 것이 아닌가. 애들도 다 좋은 대학 갔다는 것이다. 세상 좁다지만 어떻게 이곳에서 딱 만날 수가 있을까? 외출이 싫어졌다. 혹시 엘리베이터에서 마주칠까 두려워 나갈 때마다 조마조마했다. 잘못한 게 없는데도 피하게 되었다.

그러던 어느 날 벨을 누르고 문을 쾅쾅 두드리는 소리가 요란했다. 누군가 보니 H 어머니였다. 남의 집 현관문을 함부로 두드리다니, 불쾌하고 무례하다고 생각했다. 하지만 무슨 일인가 싶어 문을 열어줬다. 열자마자 막 밀고 들어왔다. 전남편이 술 먹고 행패를 부린다는 것이었다. 자기 좀 숨겨달라는데 당황스러웠지만 나가라고 할 수는 없었다.

이미 좀 얻어맞은 몰골이었다. 신발도 제대로 신지도 못하고 나와서 한쪽은 맨발이었다. 6층에서 도망 나와서 3층 우리 집을 찾아온 것이었다. 낮에 사람 없는 이집 저집을 두드렸는지 아니면 우리 집을 알고 찾아왔는지 알 수는 없었다. 신발도 못 신고 도와달라고 하는 사람을 나 몰라라를 할 수 없어서 들어오라고 한 후 문을 얼른 닫았다.

조금 있으니까, 밖에서 부인을 찾는 고함소리가 복도를 울렸다. 대낮이라 남편도 없이 아기들이랑 있는데, 우리는 도망친 그 H 어머니보다 더 겁에 질렸다. 비틀거리는 발소리와 소리를 지르는 남자의 목소리는 공포 그 자체였다. 한참을 시끄럽게 떠들더니 어느 순간 조용해졌다. 하지만 나갈 수는 없었다. 현관 스피커폰으로 집 앞만 보고 있을 수밖에 없었다. H 어머니는 정신을 차리더니 미안하고 고맙다면서 간다고 했다. 지금은 나가지 말라고 했지만, 우리 애들 보기도 나를 보기도 민망한 얼굴이었다. 잡지 못했다.

   그런 일이 있고 나서 나를 보면 피하는 눈치였다. 나는 아무 말도 하지 않았고 묻지 않았다. 그 후로도 몇 번 그 H 어머니의 고함 소리를 들었지만, 우리 집에는 더 이상 오진 않았다. 아파트를 들었다 놨다는 이야기와 함께 술주정뱅이 사건은 온 아파트 주민이 알았고, 아는 사람 별로 없는 내 귀에까지 들어왔다. 별일 없는지 걱정이 되었지만, 아는척하지 않았다. 얼마 후 조용히 이사 갔다. 당연히 이사 갈 때 인사도 없었다. 속이 후련할 줄 알았는데 그렇진 않았다.

   사람은 언제 어디서 어떻게 다시 만날 줄 모른다. 지금 만나고 있는 사람들과도 언젠가는 끝이 있을 텐데 좋은 만남으로 기억되고 싶다. 시절 인연이라고 했던가? 말 한마디로 천 냥 빚을 갚고 말 한마디로 원수가 되기도 하는 게 인생이다. 내 인생에 외나무다리가 없기를, 그 아슬아슬한 곳에서 만나는 사람이 없기를 그저 바랄 뿐이다.

꿈은 꾸어야 이루어진다

결혼 전 교사 생활 5년은 아이들에게 이론만 가르친건 아닌가 하는 생각이 들곤 한다. 결혼하지 않은 교사가 다 그런 건 아니지만 적어도 나는 결혼 전에는 아이들 가르치는 게 그저 밥벌이였다. 다행히 그 밥벌이가 꼭 지겹고 힘겨운 것만은 아니었다. 늦게 끝나는 일도 힘들지 않았고 또래 동료들과 퇴근 후 만남도 일부러 만들어 즐기기도 했기 때문이다. 그들과 휴가 때 여행도 같이 다니고 회사 MT도 일부러 만들어 자주 다녔다. 그 재미로 회사 생활을 유지했다고 해도 과언이 아니다. 심지어 남편도 우리 회사 동료들과 친해서 회식 자리와 여행에 종종 같이 다니곤 했다.

결혼하고 나서는 2002 월드컵 응원도 단체로 다녔다. 신혼집은 단골 응원 장소였다. 올 수 있는 사람 모두 와서 다 같이 놀다 가고 잠도 잘 수 있는 편한 펜션 같은 곳이었다. 손님들에게 평소에 안 먹던 아침밥도 대접하고 손님용 양말과 칫솔을 항상 넉넉히 준비해 뒀다. 지인들은 우리 집이 편하다고 자주 왔다. 밥도 술도 수다도 편히 할 수 있어서 밖에서 만나는 것보다 집을 더 좋아했다. 우리 부부는 사람을 워낙 좋아하다 보니 언제나 환영이었다.

온 나라를 뜨겁게 달구던 월드컵이 끝날 때쯤 우리에게 아이가 생겼다. '행복하다'라는 말이 부족했다. 행복함과 함께 오는 몸의 변화가 낯설고 신기했다. 모든 일상이 정지 버튼과 함께 변화되기 시작했다. 당연히 좋아하는 모임도 중단했다. 그러다 보니 지인들과 만남도 줄고 나만 빼고 회사 모임을 해도 내 아이를 위해 어쩔 수 없다고 여겨 서운하지는 않았다. 전에는 듣지도 않던 클래식 음악을 들었다. 태교에는 머리를 써야 한다고 똑똑한 아이들 어머님의 특급 비법을 듣고는 수학 문제집도 풀었다. 뱃속 아가를 위해 좋은 생각과 행동을 하려고 애썼다. 새 생명을 위한다고 생각하니 힘들지도 않았다. 단, 일을 그만두는 건 아쉬웠다. 한편으로는 고등학교 졸업하고 한 번도 쉰 적 없던 나는 출산이 어쩌면 휴가일지도 모른다는 생각에 설레기도 하였다.

아이가 태어나고 세상이 아름답게 보였다. 우주가 내 중심으로 돌아가는 듯 보였다. 어떻게 나한테 이렇게 이쁜 아이가 태어났는지 믿을 수가 없었다. 아이를 그저 바라보기만 해도 눈물이 날 만큼 행복했다. 하지만 그런 감동은 잠시, 아이는 내 생각대로 자라는 게 아니었다. 수시로 깨고 수시로 울었다. 아이가 엄마 뱃속에 있을 때가 편하다는 말이 무슨 말인지 알 거 같았다.

첫 모유 수유부터 서툰 엄마와 아이는 낑낑거렸다. 엄마는 아파서 울고, 아이는 배가 고파서 울었다. 우는 아이를 안고 어쩔 줄 몰라서 같이 울었다. 거기에다 아이는 장이 안 좋았는지 하루에 10번도 넘게 물똥을 쌌다. 그때마다 물로 씻기고 말리고 기저귀를 갈아주는 게 모두 내 몫이었다. 내 자식이니까 당연히 할 일인데도 왜 그리도 서글픈지 매일 눈물 났다. 지금 생각해 보면 산후 우울증이었을지도 모른다. 그때는 모든 게 다 서운했다. 열심히 산후 조리해 준 여동생에게도 섭섭한 마음이 든 거 보면 마음이 아픈 게 맞았다.

아들 2명을 낳아 키우면서 행복한 마음이 더 많았다. 아이들이 주는 기쁨과 감사는 말로 다 할 수 없었다. 근처 사시는 친정엄마도 가끔 와서 아이들을 봐주시니 쉬는 시간도 있어서 살만했고, 아이들 데리고 근처 놀이터에 데리고 가주시는 친정아버지 덕분에 여유도 부려보며 살았다. 그러나 기운 센 아들 두 명을 키우는 일이 보통 일은 아니었다. 아이들은 무럭무럭 자랐고 초보 엄마는 종종 방전된 핸드폰처럼 늘어져 버렸다.

육아에만 전념하다 보니 어느새 생기 있는 내 모습은 온데간데없이 사라지고 자존감도 챙기지 못한 채 세월이 흘렀다. 모유 수유를 해야 하니 언제나 옷은 헐렁하고 젖이 흘러 축축했다. 화장실까지도 따라오는 아이들 때문에 맘 놓고 볼일도 못 보고 제대로 씻는 것도 어려웠다. 젖 물리고 잠들어 버릴 때면 내가 사람인가 짐승인가 싶을 때가 많았다. 잠깐 외출도 버거워 혼자서는 엄두도 못 냈다.

잠시도 가만히 있지 못하고 놀아달라고 뛰어다니는 아이들과 집에 있기도 힘들었다. 유모차에 가만히 앉아 있지 못하고 바둥대는 아이 둘 데리고 놀이터 나가는 일조차 초보 엄마에게는 왜 이리 힘든지. 시어머님 댁에 가서 지내는 주말을 기다릴 정도였으니 서툰 엄마는 하루하루가 버거웠다.

힘겨운 일상을 보내던 어느 날 거울을 보는데 매일 집에만 있는 내가 불쌍해 보였다. 애 낳고 힘이라고는 전혀 없는 머리카락을 아무리 손가락으로 쓸어봐도 태가 나지 않았다. 추레한 옷을 입은 건지 걸친 건지. 내가 봐도 보기가 싫었다. 결혼 안 한 친구는 승진해서 힘들다고 투정을 부리는데 그마저도 나한테는 부럽고 배부른 소리였다. 나도 일을 계속 했으면 아마도 그 친구보다 더 잘했을 텐데 하는 생각을 하면 미칠 것만 같았다.

큰아들이랑 작은아들이 두 살 터울이다. 큰애 임신하고 8개월까지 일을 했었다. 아이 둘을 낳고 거의 4년 동안 쉬었다. 출산휴가가 너무 길어졌다. 그것도 강제 무급휴가다. 일을 하고 싶은데 어린아이 두 명의 육아에 자유롭지 않은 애 엄마를 받아주는 곳이 없을까 봐 불안과 절망에 하루하루가 우울했다. 이 세상에 내가 일할 곳이 있을까? 아이 엄마를 받아주는 곳이 있다면 감사하게 일할 각오가 돼 있었다. 대부분의 아이 엄마들은 나와 같은 생각을 하지 않을까?

하늘에서 일자리가 뚝 떨어졌으면 좋겠다. 잠깐 숨 쉬러 갈 수 있는 그런 곳 말이다. 일하는 것도 힘들고 육아도 힘들지만, 두 아이 육아에 지치다 보니 출근하는 것이 오히려 육아보다 수월할 것 같단 생각이 들었다. 다시 일할 기회가 올까? 그런 직장이 있을까? 이 아이들을 두고 일하러 갈 수 있을까? 육아에 갇힌 내 생각은 자꾸만 밖을 향하고 있었다. 내 앞에 어떤 시간이 펼쳐질지 모른 채 말이다. 애도 살고 나도 살 방법이 있다면 그게 뭐든 할 것만 같았다. 이 땅에서 직장맘 되기가 왜 이리 힘든 일인지.

지금 돌이켜보면 그때 나가고픈 강한 욕구가 결국 나를 일하게 만든 건 아닐까? 하는 생각이 든다. 꿈은 꾸어야 이루어지는 법이니까.

어머님이 구하사

"문주리 너 둘째 아이 돌도 지났는데 이제 일하러 나와라."

집에만 있는 것을 힘들어할 때쯤 친구에게 전화가 걸려 왔다. 전에 같이 일하던 친한 동료였다. 내가 아이 낳고 키우는 동안 그녀도 결혼하고 임신까지 했다. 그녀는 우리 집에 올 때마다 아이들에게 장난감을 잔뜩 주고 가서 장난감 이모라고 불렀다. 엄마는 아무리 졸라도 다 사주지 않는데 장난감 이모는 우리 집에 올 때마다 이것저것을 사 들고 오니 애들이 얼마나 좋아했는지 모른다. 장난감 이모의 속셈도 모르고 말이다.

그녀는 임신해서 배가 점점 불러오니까 자기가 진행하고 있는 수업을 대신해 줄 선생님으로 나를 꼭 집은 것이었다. 나는 이미 아들 2명을 낳아서 키우고 있고, 더는 낳을 생각이 없다고 말했었다. 둘째 아이 돌잔치를 하고 나서 일하는 친구들이 부럽다고 했더니 자기 일을 맡아 달라고 했다.

　자기가 하는 수업은 주 4일만 하면 되고, 맡을 지역도 집에서 가까운 한 아파트 단지만 돌면 된다고 했다. 조건이 아주 맘에 들었다. 보통은 교사가 수업을 맡을 때 한 아파트만 받아서 하지 않는다. 이곳저곳을 돌아다니면서 한다. 요일마다 다른 아파트를 하는 게 일반적이다. 그런데 한 아파트를 4일간 한다니 이건 무조건 해야 한다. 아니 하지 않으면 손해날 것만 같았다.

　아이들이 어리고 육아를 대신해 줄 사람이 없는데도 일하고 싶었다. 뭐에 홀린 사람 같았다. 남편한테 일하겠다고 졸랐다. 남편은 아이들도 어린데 더 키워놓고 나갔으면 좋겠다고 반대했다. 근처에 사시는 친정엄마한테 부탁을 드렸다. 주 4일만 일하고 싶은데 엄마가 도와달라고 했다. 큰아들은 어린이집에 맡기고 작은아들만 봐달라고 했다. 엄마한테 용돈도 드리겠다고 했다. 엄마는 적은 용돈도 필요하던 차에 잘되었다고 했다.

　드디어 나는 일하는 엄마가 되었다. 일을 하면서 생활에 활력이 생겼다. 밖에서 일은 즐거운데 집안일이 문제였다. 순조롭게 돌아가는 것이 하나도 없었다. 어린이집에서 큰아이를 데리고 오는 일, 끝나고 집에 빨리 가야 하는 일. 매일매일 변수의 연속이었다. 친정엄마는 일 끝나는 시간이 되면 전화를 자주 했다. 매일 서둘러 퇴근하라고 재촉했다. 종일 아이랑만 지내는 게 힘들었을 엄마. 말 수도 없는 엄마는 그저 작은 아이랑 집에서만 지냈다. 엄마는 하루 종일 TV를 켜놓고 어린 손주 삼시세끼 밥만 챙겨주셨다.

나중에 보니 엄마도 우울증이 심각했었다. 그런 줄도 모르고 나는 다른 친정엄마들은 자식들 일하면 손주들 잘도 봐주는데 엄마는 왜 못하냐며 툴툴댔다. 엄마 병을 몰랐을 때는 시어머니보다 살뜰하지 않은 친정엄마가 그저 섭섭했다. 아이들을 봐줄 사람이 엄마뿐이라 대놓고 싫은 소리도 못 했다. 그러다 지친 친정엄마는 더 이상 아이들을 봐줄 수 없다고 나가버리셨다. 설마가 사실이었다. 출근해야 하는데 엄마는 다음날 진짜 오질 않았다. 하늘이 무너진다고 하는 게 이런 거구나.

갑작스러운 변고에 아이들 맡아줄 어린이집을 알아봐야 했다. 출퇴근 시간을 조율해야 했다. 나 몰라라 하는 엄마가 원망스러워 남편 보기도 민망했다. 엄마 흉을 볼 수 없고 일하는 게 힘들다고 투덜거렸다가는 회사 그만두고 아이들 보라고 할 것이 뻔해서 말도 못 했다. 어떻게 다시 시작한 일인데 다시 집에 들어간단 말인가. 방법을 찾아야 했다.

회사 근처에서 겨우 구한 어린이집에 가장 늦게 아이를 찾으러 가는 엄마가 되었다. 어린이집 원장님에게 늦은 시간 우리 애들만 보게 해서 죄송하다고 얼마나 머리를 조아렸는지. 아이들은 늦게 오는 엄마지만 그래도 엄마 품이 그리워 달려와 꼭 안겼다. 엄마 욕심으로 애들이 고생하는 것만 같아서 나는 나대로 미안하고 매일 힘에 겨웠다. 그럼에도 이 또한 지나가리라 하는 맘으로 독하게 버텼다.

우리 사는 모양이 짠했는지 일산 사시는 시어머니가 아이들을 봐주시겠다고 하셨다. 어머니는 회사도 집도 일산에 있는데, 집을 정리하고 우리 집으로 들어오시겠다고 하셨다. 대신 새벽 일찍 출근하시고 퇴근도 일찍 하시는 보직으로 변경하셔야만 했다. 어머니는 송파구에 사는 우리 집에서 일산까지 출퇴근하는 일이 하루 이틀도 아니고 얼마나 힘이 드셨을까? 그때만 떠올리면 어머니에게 죄송하고 감사했다.

어머니는 퇴근하시며 아이들을 어린이집에서 데리고 나와서 놀이터에서 실컷 놀게 하셨다. 가끔은 어린이집에 남아있는 아이들 친구들도 같이 놀이터에 데리고 와서 놀게도 하셨다. 그래야 친구가 생긴다고 하시면서.

그리곤 집에 와서 두 녀석 씻기고 입히고 먹이시는 일을 하루도 대충 하신 적이 없었다. 엄마 아빠도 그렇게까지는 정성스럽게 못 해봤다. 매일 멀리 다니는 출퇴근도 힘드신데, 손주들 챙기는 일에 집안일까지 해주셨다. 뻔뻔한 며느리는 덕분에 회사 일만 할 수 있었다.

남들은 시어머니랑 어떻게 한집에서 살 수가 있냐고 하는데, 나는 시어머니가 우리 집 구세주라고 믿는다. 어머님이 아니었다면 나는 어설픈 주부 생활로 아직도 허덕이고 있을지도 모른다. 어머니와 같이 살게 되면서 아이들도 우리 부부도 안정을 찾게 되었다. 성품이 온화한 어머니 덕분에 우리 집은 따뜻함이 스며들었다. 그런 어머니에게 구세주보다 더 좋은 단어를 알지 못한다. 혹시 있다면 그거 다 드리고 싶다. 그래도 우리 가족의 감사한 마음을 어머니에게 전하기 어려우니 말이다.

맘대로 키워라

사람마다 다 자기의 때가 있다. 공부도 마찬가지다. 누구는 생후 16개월에 기저귀를 차고 공부를 시작하기도 하고 또 누군가는 여든셋에 시작하기도 한다. 학습지 교사를 하다 보면 수많은 사람을 만난다. 대부분 유아 5세에서 초등 3학년 사이에 공부를 시작한다. 하지만 공부를 시작할 적당한 시기란 없다고 본다. 아이가 글자에 관심을 보이기 시작하거나 호기심을 갖고 이것저것 물어볼 때 선생님을 집으로 부른다. 초등학생 때까지 맘껏 놀다가 중고등학생인데 공부하고 싶어 하는 아이들도 선생님을 찾는다. 물론 서점에 가면 좋은 책들이 넘쳐난다. 그럼에도 집으로 선생님을 모셔서 공부한다는 것은 그 회사의 프로그램을 사고 선생님과 소통하는 법을 배우기 위해서이다.

어느 날 부산에 사시는 [매일매일 글쓰기] 임은자 작가님이 문자메시지를 보내셨다. 83세 시어머니가 영어 공부를 하고 싶다고 하는데 학습지 회사 다니는 내가 생각났다고 한다. 공부에 늦음은 없지만 83세 할머니 고객은 처음이라 당황스러웠다. 부산에 있는 지국 중에 시어머니 사시는 집과 가장 가까운 지국에 연락해 담당 선생님을 보내서 상담 약속을 잡아달라고 부탁했다. 물론 어르신 공부를 지도하는 것이 선생님들에게 쉬운 일은 아니다. 감사하게도 부산 지국에서 바로 담당 선생님이 상담하고 수업 신청까지 했다는 소식을 전했다. 뭐가 이리도 빠른지. 시어머니를 소개한 작가님에게도 발 빠르게 찾아가 준 담당 선생님에게도 감사드리는 마음이었다. 그것으로 내 할 일은 끝났다고 생각했다.

그런데 작가님이 블로그에 시어머니가 영어 공부 시작한 이야기를 썼더니 부산 라디오방송국에서 연락이 왔단다. 생방송 출연을 좀 하자고 말이다. 그것도 부산 영어 방송국이란다. 83세에 영어 공부를 시작한 어르신의 이야기가 청취자들에게 귀감이 될 거 같다는 제작진 요청이 있었다. 영어 방송국이지만 한국말로 진행해도 된다기에 인터뷰에 응했다고 했다. 사전 준비로 시어머니와 며느리가 얼마나 걱정했을지 보내준 사진으로도 충분히 느낄 수 있었다.

"시작하기 늦은 때란 없다.
아무도 방해하지 않는 지금이 오히려 공부하기 제일 좋은 때다.
오늘이 시작하기 제일 좋은 날이다."

할머니 학생이 방송에서 남긴 메시지다.

영어 공부를 시작하게 된 계기는 가을에 동창분들과 유럽 여행을 가시는데 "화장실이 어디죠?" 정도는 스스로 할 줄 알아야 한다는 어머님의 생각 때문이었단다. 용기가 있는 어르신이라고 생각했다. 현지 가이드가 있을 텐데도 당신께서 직접 해결할 수 있는 것은 해보겠다는 의지가 전해졌다. 학습지 선생님을 직접 불러서 배우겠다는 작심이 쉽지 않은데 그것을 해내신 분이시다. 일흔에 검정고시로 초등학교 과정을 마치고 어머니 학교에서 중고등학교 과정까지 이수하셨단다. 늦은 나이에 찾아온 배움의 길이 얼마나 소중하고 귀했을지 며느리인 작가님의 글에서도 감동이 묻어난다. 이렇게 열심히 사셨던 어르신을 우리 회사에서 회원으로 모시게 된 것이 오히려 영광이었다.

이런 감동 사연을 놓치면 안 될 것 같았다. 즉시 회사 홍보팀에 전화했다. 회사엔 '맘대로 키워라!'라는 홍보용 잡지가 있다. 자사 교재로 열심히 공부한 어린 학생들 또는 성공한 청년들 위주로 회사에서는 인터뷰한다. 그 내용을 잡지에 올려서 다른 회원들을 독려하고 용기와 희망을 준다. 잡지에 83세 회원을 인터뷰해야 한다고 전화를 걸었다. 그런데 성인 회원에 대한 비중이 없기에 글을 올리는 건 생각해 봐야 한다고 했다. 내가 가만있을 리가 없지!

홍보팀 담당자에게 메일을 보냈다. 작가님의 블로그를 공유하고 인지도가 얼마나 높은지 보라고 했다. 영어 방송국 다녀온 이야기의 링크도 보냈다. 성인 회원을 왜 우리 회사 잡지에 특별히 올려야 하는지 이유도 썼다. 방송국 다녀오신 후 블로그에 쓴 작가님의 글 또한 감동이었다. 우리 회사 블로그에까지 댓글이 늘어난 것도 같이 강조해 기사화해 줄 것을 설득했다. 홍보팀 담당자랑 계속 통화를 했고 담당 부서 팀장의 허락이 날 때까지 귀찮게 쪽지를 보냈다. 그러던 어느 날 드디어 회사 창사 이래 처음으로 시니어 회원 인터뷰를 한다고 했다. 거의 한 달 만에 떨어진 승인이었다. 잡지의 인터뷰 기사도 며느리인 작가님이 직접 쓰기로 했다.

드디어 잡지가 나왔다. 어린아이들 일색인 잡지에 어르신이 웃고 계신다. '시작하기 늦은 때란 없다.'라는 타이틀에 딱 맞는 자신감이 보인다. 담당 선생님, 며느리인 '꽃보다마흔' 임은자 작가님과 찍은 사진도 있다. 우연과 우연이 일으킨 놀라운 사건을 만난다. 여든셋에 전하는 '늦은 나이란 없다'라는 메시지가 감동이다. 우리 시니어 회원님의 미래가 더 기대된다.

어르신의 말씀은 늦은 나이에 글을 쓰는 나에게도 울림을 준다. 포기하고 싶을 때마다 어르신의 흥분된 목소리가 떠오른다.

"83세인 나도 했는데 너도 해봐!"

대기발령이라구?

아이들이 초등학교 다닐 때다. 한참 돈 들어가는 애들을 키우는데 느닷없이 벌인 남편의 사업은 빨간 경고등이 켜진 것만 같았다. 남편이 사업하면서 몇 년 동안 집에 생활비를 가져오지 못했다. 그의 고생을 매일 보았으니 돈 가져오라는 잔소리는 차마 할 수 없었다.

3년을 버티다 일을 접고 다른 일자리를 찾으면서 집에 경제적 안정이 찾아왔다. 오랜만에 오는 평화였다. 밥벌이로 꾸역꾸역 일을 하던 차에 이참에 나도 다른 일을 하고 싶었다. 평생 한 가지 일만 하기엔 내 인생이 아깝다는 생각이 들었다. 25살에 들어온 회사를 10년 넘게 다니고 있는 것이 못나 보이기도 했다.

배운 게 도둑질이라고 평생 아이들 가르치는 일만 하던 내가 어디 가서 딴 일을 할 수가 있을까? 고민과 불안은 나이 먹어갈수록 점점 심해졌다.

잡생각이 머리에 꽉 들어찼을 때 본사 교육팀장 B가 찾아왔다. 평소 친하게 알고 지내던 사람이 아니기에 따로 보자고 하는 자리가 여간 불편한 게 아니었다. 다짜고짜 하는 말이

"이제 교사 그만하고 조직을 맡아서 일 좀 하지 그래. 교사는 그동안 할 만큼 잘했잖아? 언제까지 교사할 건데? 승진에 욕심도 내고, 포지션도 바꿔볼 기회 있을 때 잡아봐."

생각을 안 해본 건 아니다. 몇 년 전에 조직장 면접을 본 적이 있다. 두 번이나 떨어졌다. 한 번은 서류에서 탈락, 한 번은 면접에서 탈락. 회사에서 나를 원하지 않는다고 생각했다. 더 이상 도전하지 않기로 혼자 몰래 다짐했었다. 그런 나에게 본사 교육팀장은 조직장 시험에 원서를 내라고 한 것이다. 나는 용기가 나지 않았다. 서류를 낸다고 해도 또 떨어질 것만 같았다.

자기가 힘을 써볼 테니 일단 원서만 내보라고 한다. 직접 면접을 볼 것도 아니면서 말이다. 총국장님도 가만히 있는데 심지어 담당 지국장님도 아무 말도 하지 않는데 이분은 왜 와서 가만히 있는 사람에게 바람을 넣는지 모르겠다.

B가 다녀간 이후 잔잔한 가슴에 물결이 일었다. 밑져야 본전이니 서류 준비며 면접 준비를 다시 해보기로 했다. 도전은 현실이 되었다. 서류가 통과되어 면접을 봤다. 면접 때 만 볼 수 있는 사장님 얼굴도 뵈었다. 본사 임원진 앞에서 그동안의 소회를 허심탄회하게 얘기했다. 면접관들은 몇 번 떨어진 나에게 어렵거나 까다로운 질문을 하지 않았다. 그들

처럼 나도 기대하지 않았는데 이번엔 합격이었다. 세 번 만에, 드디어.

합격의 기쁨도 잠시. 조직 배치 전에 '대기발령'. 정식 채용 전에 대기발령이라니. 지금 하는 육성팀장 역할을 하면서 지구장 TO가 날 때까지 기다리라고 했다. 역시 총국장님이 나를 탐탁지 않게 여기는 걸까? 대기발령이라는 낯선 단어에 혼자 별생각을 다 했다. 준비도 덜된 내가 면접 보고 교육팀장이 추천하니 성에 차지 않았나 보다. 나도 내가 부족한 거 아는데 '처음부터 잘하는 사람이 어디 있다고 배우면서 하면 될 텐데.'라고 혼자 속으로 섭섭한 마음마저 들었다. 위에서는 지금 당장 관리자가 되기엔 부족하니 공부하면서 업무 파악하라고 하면서 대기발령을 낸 것이란다. 담당 국장님은 중간에 난감해 하는 눈치다. 나는 어차피 교사를 몇 달 더 하면 되니까 맘이라도 편히 먹기로 했다.

'대기발령' 어감이 안 좋다. 시작도 하기 전에 이게 뭐람? 주변에 나 같은 경우가 없었다. 같이 합격한 동기는 다들 지구장 발령받아서 힘들다고 엄살인지 자랑인지 모를 푸념을 늘어놓는다. 정사원이 된 것도 안 된 것도 아닌 중간에 끼어서 제대로 된 축하도 못 받았다.

그렇다고 놀 수는 없었다. 기다리면서 업무에 필요한 교육을 받기로 했다. 빡센 업무는 덤이었다. 그동안 하던 교사 업무에 조직장이 해야 하는 일을 하나씩 배워야 했다. 제일 어려운 건 역시나 전산 업무였다. 집에서 남편이 하나씩 도와주었다. 파워포인트, 엑셀, 워드…. 처음엔 이 모두를 써본 일이 없었기에 하나도 다룰 줄 몰랐다. 배운 대로 천천히 따라 해봤다. 남편은 답답한 학생을 가르치는 선생님처럼, 처음 운전 가르칠 때처럼 구박했다. 아는 것이 너무도 없어 남편 보기 부끄럽고 그만두고 싶을 때가 한두번이 아니었다. 그래도 혼자 하기엔 어디서부터 해야 할지 막막해서 더 배워야 했다. 그깟 구박은 참아야 했다. 지금은 내가 더 잘 써먹고 살고 있으니 두고두고 감사할 일이다.

 총국장님의 인사권을 일개 교사가 간섭할 수 없으니 그저 기다리면서 준비해야 했다. 매일 밤, 칼을 가는 심정으로 공부하고 실습했다. 기한이 정해진 대기발령이 아니기에 기다리는 동안 내공을 채우는 시간을 보낼 수 있었다. 시계는 잘만 돌아가는데, 내 시간만 정지된 것만 같았다. 위에서는 그저 기다리라고만 해서 과연 나를 뽑을 생각이 있는지는 그 속을 알 수가 없었다. 국장님도 언제쯤이라고 딱 부러지게 말해주지 않아서 애만 태우던 그 시절을 생각만 하면 지금도 속이 답답하다.

 '두고 봐라! 내가 조직장만 되면 제대로 보여줄 테다!' 이런 마음으로 기다렸다. 강물은 흘러야만 하고 불꽃은 타올라야 하듯 시간도 멈추지 않고 흘러 나도 어느새 당당히 조직장이 되었다. 그 시간이 나한테는 귀한 시간이었다. 준비할 시간과 기다릴 줄 아는 인내심을 배웠으니 말이다. 바로 조직장이 되었다면 나는 어떻게 이 험난한 길을 넘어왔을까? 과연 잘 버텨 여기까지 왔을까? 돌아보니 알 수 없는 게 인생이다. 그래서 인생은 새옹지마라 했던가? 참고 견딘 세월이, 서러웠던 눈물이 달콤한 열매가 되었다는 걸 새삼 느낀다.

드디어 정사원이 되다

6개월 후 조직이 개편되었다. 교육팀장 B가 담당 총국장으로 승진하게 되었다. 대기 발령하던 나도 드디어 조직장이 될 기회가 온 것이다. 나에게 이런 날이 오다니. 다음 달 내가 있던 지국에 지구장으로 정식 발령 났다. 기다린 보람이 있었다.

새로운 총국장 B는 자기가 아니면 나는 절대 조직장이 될 수 없었을 거라고 말했다. 그동안 내가 갈고 닦은 걸 모르는 소리지만 그래도 믿어주는 사람과 일을 시작해서 순조롭게 출발할 수 있었다. 긴 세월을 버텨낸 담금질도 한몫했다. 미리 연습하고 시작한 일은 생각보다 할 만했고, 같이 합격한 동기들보다 더 잘 버텼다.

줄을 잘 잡았다는 뜬 소문도 났다. B 총국장 라인이라서 조직장 된 거라고 쑥덕거렸다. 라인은 무슨 라인이냐? 나는 금 동아줄도 썩은 동아줄도 잡고 싶지 않은 사람이다. 그런데 지구장을 잘 버텨낸 내가 지국장으로 빠르게 승진하면서 라인이 확실해졌다고 또 다른 소문이 났다. 소문에 따르면 나도 모르는 사이 나는 B 총국장 라인이 되어있었다. 뜬구름 같은 소문 따위는 신경 쓰고 싶지 않았다. 할만하니까 된 것이고 우연히 자리가 나서 가게 된 것이라고 믿고 싶었고 그게 사실이었다.

어쩌다 발령 난 지국에서의 신임지국장 시절은 뭘 해도 어설펐다. 새로 발령받은 지국에선 기존 선생님들이 신임지국장을 달가워하지 않았다. 달가워하지 않는 정도가 아니라 전에 있던 지국장을 좋아하는 사람들이 대부분이라 대놓고 싫어하는 티를 냈다. 거기에 경험과 연륜이 없는 사람이 지국장으로 왔다고 환영하는 이가 없었다. 나름 나도 교사 생활을 오래 해서 선생님들의 내공을 모를 리 없건만. 그럼에도 나는 지국장은 처음이라 각오를 단단히 할 수밖에 없었다.

내가 잘하는 것을 찾아야 했다. 나의 의지가 무색하게도 신입 지국장이 맘에 안 들었는지 그만두겠다는 사람이 줄을 섰다. 줄을 선다고 바로 해결해 줄 수 있는 일이 아니었다. 선배 지국장에게 물어도 '알아서 하라.'라는 답변만 돌아왔다. 섭섭함을 표현하기도 어려운 병아리 지국장이라 '알아서'라는 말을 '해내야 하는 것'으로 해석해야 했다.

당황스러워 어떻게 일을 해결해 나갈지 엄두가 나지 않았다. 그동안 일을 하던 교사가 갑자기 그만두면 새로운 사람이 바로 이어받아야 하는데 그만한 사람을 뽑기가 쉽지 않다. 지국장의 역할은 사람을 관리하는 일이다. 좋은 사람을 가려 뽑아야 하고 그들을 잘 육성해야 한다. 그렇지 않으면 매일 사건, 사고와 마주쳐야 한다. 그것을 못 하면 지국장은 자격 미달이다. 매일 매일이 공포였다.

생각이란걸 해보자! 내가 직접 뽑아서 내 사람을 만드는 것 그게 이곳에서 살아남을 유일한 방법이다. 온라인 구인 사이트 교사 모집 광고에 돈을 쏟아부었다. 매일 조금씩 모집 광고안 수정을 하면서 경쟁 회사와 구인 광고를 내는 회사들의 분위기를 익혔다.

구인 광고만 믿을 수 없다. 아는 지인을 모셔 왔다. 여동생과 전에 같이 일했던 선생님에게도 함께 일해보자고 했다. 그만두는 교사들의 수업을 이어받아서 사태를 막을 수 있었다. 그 두 사람이 지국의 귀한 씨앗이었다. 일을 제대로 할 줄 아는 사람들이다. 체계가 잡혀가기 시작했고 덕분에 막막함이 평안함으로 바뀌면서 내 업무도 조금씩 자리를 잡아가기 시작했다.

점점 자신감이 생겼다. 자신감은 일로 연결되기 시작했다. 새로운 신입 교사가 늘어나면서 지국은 생동감이 넘쳤고, 제대로 교육받은 신입 교사는 아이들과 학부모들에게 인정받으며 존재감을 드러내기 시작했다. 사람을 뽑아서 제대로 일하게 만들기까지는 시간과 힘이 제법 많이 든다. 사람마다 드는 시간과 노력의 차이가 있지만, 간과할 수 없는 일이다. 긴장을 놓을 수가 없다.

지금은 선배들도 후배를 도와주려고 하고 후배는 선배들이 가르쳐 주는 것을 감사히 여길 줄 아는 조직문화가 생기기 시작했다. 일할 때 동료가 얼마나 중요한지 알기에 이들의 다리가 되려고 애썼다. 알아주는 사람들이 생기기 시작했다. 그들은 힘들 때 손잡아 주는 사람이 있는 것만으로도 든든하게 여겼다. 다행이다. 혼자 하면 힘들지만, 같이하면 덜 힘들고 외롭지 않다.

신입부터 선배 선생님까지 누구 하나 소중하지 않은 사람이 없다. 전우애로 똘똘 뭉쳐서 가려고 한다. 일의 목적이 같기에 함께 가야 한다. 지금 내가 힘들면 덜 힘든 사람이 옆에서 도와주면 회복된다. 자기가 치유되면 다른 사람이 힘들 때 손 잡아주면 된다.

'매일 성장하는 사람이 되자!'

힘들게 달려온 보람도 있지만, 하루도 편할 날 없는 자리다. 그러나 사람은 사람을 통해서 성장하니 나도 선생님들도, 우리 아이들도 다 같이 성장해야 한다. 그 중심에 지국장이라는 구심점이 있다. 나는 나이자 여럿이다. 그게 회사에서 바라는 내 역할임을 잊지 말자.

이런 고객 사절합니다

    사람을 상대하는 일이 나의 주 업무다. 부모님과 학습 상담하고, 교사를 지도하는 일이다. 몇 년 전 고객 불만 사항이 회사 전화로 걸려 왔다. 당장 해결해야 하는 상황이었다. 불만을 해결하는 일도 내 업무 중 하나다.

    "우리 집에 오는 선생님이 맘에 들지 않아요. 바꿔주세요. 아니면 그만할게요."
    "어머니. 혹시 우리 선생님이 무슨 실수라도 했나요?"
    "요즘 때가 어느 때인데 현관 앞에서 아이가 선생님 간다고 인사를 합니까? 수업 끝나고 현관 앞에 나오라고 해서 인사를 시키는데 기분이 언짢아요. 인사시키지 않는 선생님으로 당장 바꿔주세요."
    잘못 들었나? 그동안 인사를 똑바로 시키지 않아서 우리 아이가 배울 것이 없으니 교사 교육 똑바로 시키라는 항의 전화가 간혹 오기는 했었다.

선생님은 공부뿐 아니라 예의도 가르쳐야 한다. 사무실에 고객 불만 전화가 가끔 걸려 온다. 지국장은 불만 고객의 말을 다 듣고 불편을 끼친 점은 사과드린다. 교사 재교육과 함께 다시는 이런 일이 일어나지 않게 하겠다고 고객에게 약속하곤 한다. 회사에서 예절교육을 주기적으로 해야 하는 이유이다. 교육 회사이기에 교육 서비스는 기본 중의 기본이다. 상식에 속하는 일이 교육으로 전부 이뤄지는 것은 아니지만, 그럼에도 변화하는 고객들의 니즈를 파악하기 위해 교육은 필수다.

조회 시간, 보통은 전날 들어온 고객 불만 사항의 구체적 사례를 들어 이야기한다. 조회가 끝나고 나면 몇몇 교사가 몰래 와서 혹시 자기 이야기였냐고 물어본다. 전체교육으로 일석이조(一石二鳥)의 효과를 볼 수도 있다. 현장에서 교사들이 어떻게 수업하는지, 어떻게 고객을 대하는지 알 수 있고, 혹시라도 느슨해진 교사들은 본인을 다잡는 계기가 된다.

그런데 반대로 아이에게 인사를 시켰다고 항의하는 일은 처음이기에 대답하지 못하고 가만히 있었다.
"어머니, 제가 잘못 들었나 봅니다. 선생님이 인사를 안 하고 갔다고 하신 거죠?"

"아니요. 인사를 매주 시키고 간다고요. 지금이 조선시대도 아닌데 왜 매주 현관까지 가서 인사를 시켜요. 그냥 공부만 하고 가면 되잖아요."

"어머니는 선생님이 인사시키는 것을 원하지 않는군요?"

"내가 미국 생활 오래 해서 허리 구부려 인사하는 것이 싫어요. 손 인사만 하고 지내다가 한국에 오니까 선생님이 현관 인사를 시켜서 짜증나더라고요."

"혹시 선생님이 아이랑 공부할 때 불만은 없으셨나요?"

"전혀 문제없어요. 그냥 공부만 하고 가면 되는데 인사는 왜 시키는 거예요?"

"그렇다면 우리 선생님이 예의 바른 것이 불만이군요?"

"지국장님이 지금 나를 이상한 사람으로 만드는 거 같은데요. 사람이 다양하잖아요. 누구는 인사를 해야 하고 누구는 인사를 싫어하기도 하잖아요. 그럼 그렇게 다양하게 하면 되는데 난 선생님이 인사시키는 게 싫다고요."

"어머니 알겠습니다. 제가 교사 교육을 다시 하도록 하겠습니다."

전화를 끊고 한동안 멍해졌다. 아무리 세상이 변했다지만, 선생님이 인사시킨다고 항의할 수도 있구나. 우선 어찌 된 일인지 물어봐야 했다.

"이 선생님 혹시 H 회원 집에서 수업 끝나고 어떻게 인사해요?"

"엄마가 댁에 있는 거 같은데 얼굴은 한 번도 못 뵈었고요. 할머니가 수업 끝나고 현관까지 아이들을 데리고 나오셔서 아이와 함께 공손히 인사하세요."

"H 어머니가 집에 계신 것을 어떻게 아셨어요?"

"끝나고 외할머니가 'H 엄마야! 너도 나와서 인사해라!' 하시니까요. 그래도 한 번도 나온 적은 없어요."

세상엔 별별 사람이 다 있다. 아이를 가르치는 선생님이 예의 있는 게 기분 나쁜 사람도 있나 보다. 아무리 고객이라도 다양성을 인정하기엔 교육자적 양심이 허락하지 않았다. 아닌 걸 예스맨처럼 맞다 고 호응해 줄 생각도 없다.

"어머니 죄송합니다. 교사 교체는 어렵고, 예의 없이 수업하고 나오라고 교육하는 게 어렵습니다. 회비는 환불 처리해 드리겠습니다. 회사에서는 아이와 선생님이 서로 예의 바르게 인사하라고 교육하고 있어서요. 어머니 의견 들어드리지 못해서 죄송합니다."

"뭐 이런 게 다 있어? 내가 본사에 말하면 당신들 어찌 되는지 알아?"

"본사에 말씀하셔도 됩니다."

"내가 맘카페에 글 올려서 회사 망신 줄 거야."

"네 어머니, 그러셔도 됩니다."

"지국장 생각이 이렇게 글로벌하지 못하니 그 회사 어디 잘 돌아가는지 보자."

온갖 악담과 협박은 끝날 줄 몰랐다. 나는 "네 고객님~~~" 스피커폰으로 틀어놓고 전화를 받았다. 전화를 끊었더니 선생님들의 박수가 나왔다. 물론 고객 한명 한명이 소중하다. 하지만 가끔 이런 진상 고객에게 상처 입고 아까운 인재가 퇴사하는 경우가 있는데 난 좋은 교사를 지켜내야 한다. 예의 바른 교사가 회사엔 더 필요하기 때문이다. 세상이 아무리 변해도 옳은 것을 옳다고 당당하게 말하는 사람이 되고 싶다. 나와 함께 일하는 선생님들도 그런 사람이 되길 바란다. 사람이면 인사하고 살자. 제발!

   인사(人事) - 사람이면 당연히 해야 하는 일

제 2부

고개 넘어 또 고개

아버지의 이름, 자유

　아버지는 지금 괴산 호국원에 누워 계신다. 가끔 아버지가 그리울 때면 주말에 훌쩍 다녀온다. 호국원에 아버지가 묻히기 전부터 남편과 둘이 괴산을 자주 다녔었다. 괴산에 활을 쏘는 궁터가 있는데, 그곳이 우리 부부가 답답할 때마다 가던 주말 놀이터였다. 아버지가 국가유공자라서 돌아가시고 호국원 자리를 알아보는데 괴산으로 가게 되었다고 하니 신기하고 반가웠다. 아버지는 평생 자유로운 사람이었는데 죽어서도 혼자만 좋은 곳에 누워있는 게 얄밉다가도, 자식들 부담 줄여준다고 한 일임을 알기에 한편으론 고맙다.

　아버지는 경기도 화성군 향남면 산자락에서 태어났다. 그곳은 이 씨가 모여 사는 집성촌이었다. 아버지는 9남매 중 일곱 번째로 태어났다. 자식은 많고 가난했던 그때 그 시절 부모님들은 자식 모두를 챙기기 어려웠을 것이다. 아버지 어릴 때 이야기를 시골 큰 엄마가 가끔 해주셨다.

"느그 아부진 어릴 적부터 하고 싶은 걸 다 하고 산 사람이여."

학교 가야 할 시간인데도 뒷산에 누워있거나 동네 여기저기를 뛰어다녔다고 한다. 그렇다고 아버지 형제들이 다 그런 것은 아니었다. 아버지와 몇 살 터울 안 나는 동생들은 그 옛날에도 대학까지 다 나왔으니 공부 안 한 아버지는 시대만 탓할 수는 없었을 터. 아버지 위 형제들은 아무도 제대로 공부하지 못했다. 시절이 그랬는지 아니면 공부에 뜻이 없었는지 알 수는 없다. 아버지 형제 중에 아버지가 최저 학력은 아닌가 하는 의심이 들곤 했다.

매년 학기 초 나눠주는 가족관계란에 아버지 학력을 어떻게 써야 할지 고민했다. 고등학교까지 나온 엄마는 남편보다 조금 더 배웠다고 자랑하지는 않았지만, 아버지를 은근히 무시하는 말투가 있었다. 그럼에도 자식들이 학교에서 부끄럽지 않길 바라셨던 건지 아니면, 엄마가 부끄러운지 언제나 '고졸'이라고 써 주셨다. 명백한 학력 위조. 그러나 아버지는 동의도 거부도 하지 않으셨다. 다행인 건, 아무도 학교에서 아버지의 학력을 따로 묻지 않았다. 서류를 내면서 혼자만 긴장했던 건 우스운 추억이 되었다.

아버지는 자식을 4명이나 낳았지만, 가장의 책임보다 자유인의 삶을 선택했다. 아버지는 부인할지도 모르겠지만, 자식이 본 아버지는 평생 당신이 우선이었다. 심지어는 귀가 시간도 마음대로였다. 줄줄이 딸만 셋을 낳으면서 엇나갔다는 아버지는 그 후 남동생이 태어나자 잠시 모범적인 가장으로 돌아왔지만, 그것도 오래가지 않았다고 한다.

 가장이 이러고 다녔으니 할머니는 얼마나 속이 터졌을까? 한동네 살던 할머니는 같이 사는 큰엄마 두 명에게는 무섭고 호된 시어머니였는데, 셋째 며느리인 엄마한테는 미안했는지 아무것도 시키지 않았단다. 큰엄마들은 할머니에게 사랑받는 동서가 얼마나 미웠을까? 어릴 적 시골에 갈 때마다 큰엄마들의 무서운 눈초리가 늘 가시방석이었던 건 다 아버지 때문이다.

 아버지의 아들에 대한 갈망은 아버지 친구들에게서 기인한다. '아들딸 구별 말고 둘만 낳아 잘 기르자!'라고 나라에서 산아 제한을 할 때 아버지 친구들이 하필 모두 아들만 두 명씩 낳았단다. 장난이었지만 아버지만 아들 못 낳았다고 술자리에도 끼워주지 않아서 섭섭했단다. 아들 못 낳은 게 엄마 탓만이 아닌데도 아버지는 엄마를 원망하고 미워했다.

 간절히 원하던 아들을 낳고 그제야 엄마는 다리 뻗고 주무실 수 있었다고 한다. 세상이 바뀌어 어느새 딸 많은 집 부모가 효도 받는 세상이 되었다. 그때 딸을 안 낳았으면 어쩔뻔했을지 아버지는 40년 후를 알지 못했다. 내가 아들만 둘 낳았을 때 아버지가 '딸이 있어야 하는데'하는 걸 보면 그 옛날 엄마와 딸들에게 한 행동에 후회가 되어서 그런 건 아닐까? 하는 생각도 든다.

 아버지는 아들 낳고선 소리를 지르며 동네를 떠들썩하게 했단다. 그 소식을 할머니가 알았다면 좋았을 텐데. 할머니는 손주 녀석 태어나기 몇 달 전에 돌아가셨다. 사람들은 할머니가 돌아가시면서 아들로 점지

해 주고 가셨다고 했다. 사실 믿지 않지만, 엄마를 이뻐한 할머니가 아들 기다리는 부모님에게 선물로 주고 가셨다는 어른들 말이 전부 거짓은 아닐지도 모른다. 그렇게 신난 아버지는 평생 남동생을 끼고 안고 살았다. 딸은 눈에도 들어오지 않는 사람처럼 말이다. 남동생 덕분에 가정에 소원하던 아버지가 다시 엄마를 좋아하고 가족 품으로 돌아온 계기가 된 건 틀림 없다.

  아버지는 아들을 낳고서 갑자기 서울로 이사 가자고 했다. 서울 가면 큰돈 벌 수 있다는 작은아버지 말에 우리는 야반도주하듯 서울로 올라왔다. 막내를 낳고 몸조리도 미처 끝내지 못한 엄마를 끌고서. 딸들에겐 한 번도 해주지 않은 백일잔치를 공사판 한구석 함바집에서 했다. 들뜬 아버지와 엄마, 그리고 어린 세 자매가 오래된 사진에 남아있다.
  아버지는 서울살이로 억척이 되어갔다. 허세와 허풍은 기본이고, 없는 살림에 자식들 먹인다고 안 해본 일이 없다. 공사장 함바집에서 번 돈을 다 날리고 식당을 몇 군데 냈지만, 손대는 것마다 망했다. 돈 없고 빽 없는 아버지가 빈 몸으로 할 수 있는 건 공사판 일용직밖에 없었다. 그마저도 돈을 못 받고 뜯기기 일쑤였지만, 그곳이 당신의 마지막 돈벌이였다.

  함바: 함바는 건설 현장 안에 지어놓은 간이 식당을 부르는 말로 일본어에서 유래하였다. 함바집, 현장식당, 건설 현장식당

우리는 할 말 다 하고, 하고 싶은 일 다 하고 살더니, 죽어서도 좋은 곳에 누웠다고 아버지를 놀리듯 추억했다. 자유롭게 살다 간 아버지가 얄미웠나 보다. 그러나 가슴이 후련하지 않은 건 왜인지 모르겠다. 아버진 진짜 자유로웠을까? 하고 싶은 일, 하고 싶은 말 다 하시고 살았을까? 남은 자식들 걱정에 누울 자리라도 부담 주기 싫었을 아버지가 미리 택한 곳이 선산이 아닌 호국원은 아니었을까?

얄미운 아버지가 괜스레 보고 싶다. 바람처럼 살고팠으나 마음대로 할 수 없었던 아버지, 나는 오늘도 괴산을 간다.『그리스인 조르바』의 조르바처럼 자유롭고 싶었을 아버지를 만나러 간다.

44 사이즈 서울 여자

서울의 한 다방. 그곳에 나타난 한 여자. 긴 생머리에 미니스커트. 높은 굽의 구두를 신고 또각거리는 소리를 내며 들어오는 여자를 보는 총각들. 그 총각 중에 한 명은 마시던 냉수를 끝내 삼키지 못했다. 입을 벌리고 바라보는 총각들 사이로 엉덩이를 살랑거리며 들어오는 여자는 그런 시선이 익숙한 듯 아는 척도 하지 않는다.

엄마는 서울에서 직장 생활하던 어여쁜 여인이었다. 서울에서 살던 둘째 고모가 엄마를 먼저 알았다. 엄마가 너무 이뻐서 장손인 Y 오빠에게 소개했다. 이씨 문중 장손이 장가를 안 가서 동네 사람들이 Y의 배필에 관심이 많았다. 서울 사는 여자랑 선본다는 소문은 한 동네 사는 아버지 귀에도 들어갔다. Y랑 동갑인데도 불구하고 장손이라는 이유로 집안사람들이 그에게만 관심을 보이는 것에 아버지는 배알이 꼴렸을 테다. 친누나마저도 자기 친동생 놔두고 한동네 사는 Y 결혼에만 신경 썼으니, 아버지는 얼마나 심통이 나고 훼방을 놓고 싶었을까?

    서울에 있는 다방에서 선을 본다고 하니 시골에 사는 총각들이 모두 구경을 왔다. 촌스러운 남자 여럿이 고개 숙이고 쑥덕거렸을 걸 상상하니 끔찍했다. 동물원 원숭이도 아니고 단체로 서울 여자 구경을 왔다니, 엄마는 얼마나 부끄러웠을까?

    소개하는 고모나 Y 오빠도 구경 온 총각들도 엄마의 등장에 입을 다물지 못했다. 엉덩이까지 내려오는 긴 생머리에 짧은 미니스커트. 거기에 굽 높은 구두까지 그야말로 말로만 듣던 서울 여자였다. 엄마는 평생 몸매가 44 사이즈였다. 자신의 몸매를 자랑하며 한평생을 관리하며 살았던 분이다. 스무 살에 그 몸매였으면 시골 총각들 여럿 쓰러졌을 터. 당연히 Y 오빠는 한눈에 반했다. 문제는 우리 아버지도 홀딱 반했다는 것이다.

    Y 오빠네 집안에서는 이쁘지만 깡마르고 여려 보이는 엄마를 반대했다. 저 약한 몸으로는 대를 이을 아이 낳기도 어렵겠다고 여겼단다. 살아보지도 않고 여리여리한 여자는 무조건 탈락이라니. 그 당시 장손은 집안 반대 무릅쓰고 결혼하기 힘든 시절이었다. 가슴 아프지만 Y는 서울 여자를 포기했단다. 영문도 모르고 그렇게 버려진 그녀를 낚아챈 남자가 있었으니 그게 바로 우리 아버지였다. 아버지는 변방의 9남매 중 일곱 번째라 누구도 아버지 짝에 신경을 쓰는 사람이 없었다. 아버지가

스스로 찾는 수밖에. 심술부리러 갔던 자리에서 본 서울 여자가 자기 사람 될 거란 부푼 생각으로 엄마가 사는 집으로 돌진했다.

  변변치 않은 시골 총각을 눈여겨보는 이는 없었다. 그런데도 아버지는 매일 엄마 집에 와서 그녀도 없는데 외할아버지에게 술 한 잔 따라드리고 사라지곤 했다. 아버지를 어쩌다 마주치면 엄마는 무시하고 들어갔다. 자기를 버린 이 씨 집안사람이 왔다는데 환영할 여자가 누가 있을까? 밤마다 찾아오는 시골 청년의 성실함에 반해 외할아버지는 결혼을 승낙하고 말았다. 아마도 외할아버지와 같이 사는 새 마누라의 등쌀에 못 이겨, 허락했을지도 모른다고 엄마는 종종 말씀하셨다. 엄마는 평생 시골로 시집보낸 친정아버지를 원망하며 살았다. 결혼해서 한 번도 친정에 가지 않은 걸 보면 말이다.

  아버지는 엄마와 결혼한 것이 세상을 다 얻은 기분이었다고 했다. 승자의 함성이 들리는가? 장손인 Y 오빠는 아버지 조카뻘 된다. 아버지는 Y가 장손이라는 이유로 대접받는 게 보기 싫었다고 한다. 동네에서 가장 공부도 잘했고 얼굴도 잘생겼고 매너까지 좋은 그 녀석과는 비교도 안 될 아버지였을 테니까. 그런 자신이 엄마를 차지했으니 얼마나 좋았을까? 결혼식 날이 마침 민방위 훈련하는 날이라 교통체증이 심했었다고 한다. 아무리 기다려도 신부가 등장하지 않아 아버지는 내내 불안에 떨었다고 고모들이 전해주었다. 겨우 잡은 선녀가 하늘로 달아날 것 같은 기분이었을까?

시골 총각은 할머니 집 근처에 신접살림을 차렸다. 엄마는 서울에서 꽤 잘 사는 집 귀한 딸이었다. 그 시절에도 손에 물 한 방울 안 묻히고 살았다고 했다. 그런 사람이 시골에서 농사일하고 살림하고 애를 4명이나 낳아서 키우고 살 거라고 상상이나 했을까? 엄마는 전혀 다른 삶에 꿈이라는 단어는 생각도 못 하고 살았을 것이다. 곱게 자란 딸이 고생만 했다. 엄마 나이가 되고 보니, 엄마 삶이 짠하게 여겨진다. 내가 할머니였다면 절대 아버지랑 결혼시키지 않았을 테니 말이다.

결혼식은 행복한 날이어야 하는데, 할머니와 아버지만 신나는 날이었다. 장손 집 Y는 어디서 울고 있었을지 알 수 없다. 장손 집 할머니는 버린 여자 데려다 결혼한 아버지를 어떤 눈으로 봤을지 생각만 해도 재미있다. 왜냐하면 엄마는 그 야윈 몸으로 아이를 4명이나 낳았으니 말이다. 인생은 알다가도 모를 일이다. Y의 맞선녀를 아버지가 차지하게 될 줄 누가 알았을까? 약하다고 퇴짜 놓은 엄마가 아이를 넷이나 낳을 줄 누가 알았을까? 약했던 엄마는 너무 빨리 우리 곁을 떠났다. 아버지의 재미난 여자 이야기, 그러나 재미나지만은 않았던 한 여자 이야기.함께 웃으며 이야기를 나눴으면 좋았을 텐데 엄마는 그렇게 살다가 갔다.

공주마마의 살림법

　엄마가 서울에서 태어난 건 아니다. 경기도 양평에서 나고 자랐다. 외할아버지는 양평에서 알아주는 유지였다. 자식이 4명이었는데 첫 번째 부인에게서 큰이모가 태어났고, 두 번째 부인에게서 나머지 자식 3명이 태어났다. 그마저도 할머니는 엄마가 어릴 적 돌아가셔서 기억에도 없단다. 어린 나이에 엄마를 잃은 불쌍한 어린 동생을 작은이모가 업고 입히고 데리고 다니며 챙겨줬단다. 그러다 할아버지가 새 부인을 맞이하고는 서울살이를 시작하셨다. 그 사이 할아버지의 그 많던 재산의 행방은 알 수 없게 되었다. 하기 싫은 결혼을 강행했다는 이유로 엄마는 외갓집과 소식을 끊고 살았다. 그게 과연 엄마에게 속풀이가 되었는지 모르겠지만 말이다.

　엄마는 당신 입으로 어릴 때 꽤 유별난 아이였다고 고백했다. 집 밖에선 결벽증이 있었는지 자기 그릇이 아니면 수저를 들지 않았고 남의 집은 더러워서 발을 디딜 수 없었다고 했다. 어린 나이에 어미 잃은 불쌍한 아이라 어른들은 오냐 오냐 했을 것이다. 그게 엄마를 더욱더 독특한 아이로 만들었을 터. 다행히 입고 먹는데 부족함 없이 자랐기에 까칠한 엄마는 그나마 버티지 않았을까 하는 생각을 해본다.

엄마의 새엄마는 이런 까탈스러운 남의 자식이 얼마나 보기 싫었을까? 돈 많은 남자한테 시집와서 떵떵거리며 살려고 했는데 3명의 자식은 결혼해서 다 나갔고, 남은 딸내미 하나가 다른 사람 열 몫을 했으니 빨리 시집보내고 싶었을 것이다. 밤마다 찾아오는 시골 청년, 우리 아버지가 얼마나 반가웠을까? 아마도 외할아버지보다 더 살갑게 굴었을지도 모르겠다. 할머니는 스무 살 된 어린 의붓딸을 서둘러 시집 보낼 정도로 엄마가 성가셨나 보다.

엄마는 결혼해서 처음으로 가마솥에 밥을 지었단다. 신부 수업은커녕 밥 한번 해본 적 없던 엄마였다. 그런 엄마가 시골 촌구석에 시집와서 장작을 때서 밥하는 농사꾼 아내가 되었으니 얼마나 막막하고 암담했을까.

한번은 엄마가 라면을 먹고 싶어서 끓였는데 그동안 먹던 라면이랑 다르더란다.

"이상하다. 라면은 본디 빨간 국물에 꼬불꼬불한 면이 아닌가? 그런데 이 라면은 왜 허연 국물에 불어 터진 면일까?"

그렇다. 엄마는 라면 스프는 넣지도 않고 면만 삶았던 것이다. 그런 엄마가 해주는 밥이었으니 아빠는 엄마가 해주는 밥을 먹지 않았다. 우리 집이랑 할머니 집은 걸어서 5분 거리다. 아버지는 장가를 가서도 밥은 할머니에게 얻어먹었다. 그때 엄마를 데리고 가서 같이 먹었는지는 알 수 없다.

엄마의 결벽증은 시골에서 더 두드러졌다. 하도 삶고 빨아서 수건인지 행주인지 걸레인지 구분할 수 없을 정도였다. 어릴 때 내 기억 속 엄마는 손에 걸레를 들고 이곳저곳을 닦고 있다. 반질반질한 대청마루는 엄마가 다 만든 작품이다. 반면에, 아버지는 씻는 걸 유독 싫어하는 사람이다. 씻으라는 엄마 잔소리를 한 번도 제대로 들어본 적 없었다. 흙이 잔뜩 묻은 발로 마루에 들어오면 엄마는 질색하며 뒤에서 걸레질했다. 그러거나 말거나 엄마 눈치 따위는 보지 않고 흙발로 올라서던 사람이 우리 아버지다.

어릴 때 내가 봐도 아버지랑 엄마는 안 어울렸다. 일곱 살 차이가 나는데 그보다 더 나이 차이가 나 보였다. 세련된 외모인 엄마랑 촌스러운 아빠가 부부라는 게 남들 보기에도 이상했는지 진짜 부부 맞냐고 물어본 이가 많았다. 어쩌다 학교에 엄마가 오면 다들 엄마 아니고 이모냐고 했다. 그 소리를 엄마는 은근히 즐기는 듯했다. 그런 엄마가 시골에서 도시적이고 이쁜 모습으로 사는 게 아버지는 좋았을지도 모른다. 하지만 남들 눈에는 공주마마를 모시고 사는 머슴 같아 보였는지 아버지를 모지리로 보는 이도 있었다.

　음식 못 하기로 소문난 엄마였지만 기억에 남는 음식 하나가 있다. 어릴 때 시골집 한겨울 방 한가운데 화목난로가 있었다. 여섯 식구가 난로 주변에 이불을 깔고 다 같이 잤다. 바닥은 온돌로 지글지글 끓었지만, 웃풍이 센 시골집에 화목난로는 필수였다. 장작이 난로 옆에 있었고 주위엔 철망 울타리가 있었다. 엄마는 아침마다 난로 위에 양은 냄비를 올려놓았다. 김장 김치 반 포기 얹고 들기름만 한 바퀴 둘러 오랫동안 푹 익힌다. 김치와 들기름 외에 돼지고기 한 점 들어가지 않은 김치찌개다. 밥은 가마솥이 하고, 김치찌개는 난로가 했다. 동생들은 기억하지 못하는 엄마표 김치찌개다. 들어간 게 김치뿐인데 세상에서 가장 맛있는 음식이었다. 엄마가 유일하게 잘한 음식이기도 하다. 지금도 생각만 해도 입에 침이 고인다. 하얀 밥에 물렁물렁해진 김치 한 점 얹어서 한 입 먹으면 칠 첩 반상이 부럽지 않았다. 겨울 동안 우리는 다른 특별한 반찬이 없어도 이거 하나면 밥 한 공기를 뚝딱 해치웠다. 어릴 때부터 유독 김치찌개를 좋아했는데, 아마도 엄마에 대한 기억 때문일 것이다.

　아무것도 없어도 행복했던 그때처럼 특별한 재료 없이도 맛있었던 그 김치찌개가 그립다. 시큼한 김치찌개 맛과 함께 가슴에서 뜨거운 것이 울컥 올라온다. 따뜻한 난로도, 엄마도, 김치찌개도 그리운 아침이다.

망하는 게 취미

아버지는 왜 상경하셨을까? 어린 내 눈에도 아버지가 무모해 보였으니 다른 친척들 눈에는 두말할 것 없었을 것이다. 돈을 많이 번다고 해서 올라왔다. 야무지게 모으면 한 살림 차릴 수 있다고도 했다. 아버지는 열심히 일했다. 돈도 많이 벌었다. 그런데 그 돈은 다 어디로 갔을까?

함바집에서 돈을 버는 건 쉽다고 한다. 그 큰 공사 현장 근처 어디에도 식당이 없었다. 공사 현장에서 일하는 인부들 끼니를 챙겼다. 새벽부터 저녁까지 삼시세끼 밥과 중간 참에 간식까지 준비해야 한다. 그들을 먹인다고 부모님은 언제나 바쁘셨다. 돈을 많이 벌었다고 한다. 같이 일을 도와주셨던 이모는 우리 아버지가 밤마다 돈을 세다가 주무셨다고 한다. 그것도 다 못 세고 말이다. 내가 어리지만 않았다면 그 돈 잘 챙겨서 재산 좀 불렸을 텐데 아쉬운 생각이 든다. 아버지는 돈을 벌기만 하고 모을 줄 몰랐다. 엄마도 마찬가지였다. 주변에 온통 돈 달라는 사람이 넘쳐났고, 돈 가져가서 사라지는 놈들만 있었다. 돈이 주머니에서 술술 세고 있는데 막을 사람이 아무도 없었다. 부모님은 실속이 없는 사람들이었다.

   식당을 처음 시작할 때 일할 사람이 필요했다. 그것도 아주 많은 일손이 필요했다. 아버지랑 엄마 쪽에서 일할 수 있는 일가친척들이 다 와서 일을 도와주었다. 고모부터 시작해서 이모까지 사촌 언니, 오빠들, 사돈의 팔촌 손까지 빌렸다. 그렇게 연줄로 엮여서 들어와 우리 식당 한쪽 방엔 사람들이 넘쳐났다. 새벽밥을 매일 해야 했기에 숙식을 제공해야만 했다. 열악한 상황이었지만 월급이 적지 않았는지 그들은 공사가 끝날 때까지 같이 있었다.
   이렇게 피붙이들이 일을 도와줬는데, 그들이 가장 많이 털어간 사람들이라고 했다. 아버지는 함부로 따지지도 못했다고 한다. 자기 식구들이니 그럴 수도 있다고 말이다. 그저 엄마만 속 터지고 고생해서 골병이 들어가고 있었다. 유일하게 재산을 챙겨주는 사람은 이모였으나 고모들 입김에 쫓겨나고 그 이후로 누구도 부모님을 제대로 도와주는 사람이 없었다. 돈 벌어서 남들 다 퍼주고 우리는 남는 게 없이 빈털터리 서울살이를 한 것이다. 어리숙한 부모님은 몸 고생하며 번 돈을 다 날리고 지하실 셋방에서 벗어나지도 못했다.

   지금 생각해 보면 그 돈이 너무나 아깝다. 그래도 어쩌겠는가? 그것도 부모님의 무능한 재주인 것을. 사람이 좋은 것도 아니다. 그저 도둑

놈 소굴에서 악다구니 쓰면서 지켜내지 못한 건 그들의 몫이고 역량이다. 그 때문에 자식들이 어린 시절 내내 고생했다. 모르는 사람들은 아마도 손가락질했을 것이다. 누구는 거짓말이라고도 했다. 우리나라에서 알아주는 큰 공사는 다 맡아서 함바집을 했으면 돈 좀 챙겼을 건데 아무것도 없었으니 말이다. 잠실에 있는 주택 전셋집에서, 작은 아파트 월세로, 더 깊은 반지하로 전전했다. 거기에 아버지의 방랑벽까지 더해져 우리 4남매는 어린 시절 버려진 아이들처럼 살았다. 자유로운 아버지 덕분에 가세는 점점 기울었다. 그 시절엔 모두 가난했으니 그러려니 했다. 그러다 자주 돈 문제로 다투는 부모님을 보았다. 우리 집 상황이 심각하다는 것을 눈치로 알게 되었다.

   돈을 벌어서 어디다 썼는지 알 수는 없다. 아니 다른 사람이 빼돌릴 때 아버지는 왜 손 놓고 있었는지 원망스럽다. 결국에 우리 식당에서 일한 사람들은 다들 한몫 챙겨서 자기 사업을 했다. 누구는 금은방을 차렸고, 누구는 대학교 앞에 제본하는 문구점을 차렸다. 일부는 음식솜씨를 뽐내며 식당을 차렸다. 이곳에서 눈이 맞아 결혼한 사람도 있고, 자기 짝을 바꾼 사람도 있다. 우리 집 빼고 다 잘 풀리는 것처럼 보였다. 엄마는 골병이 들었고, 아버지는 변해갔다. 변해가는 아버지 따라 엄마도 변해갔다.

   대형 공사가 끝나고 공사장 식당을 접고 다른 식당을 했었다. 종로에서 직원을 10명씩 두면서 식당을 차렸다. 잠깐은 돈을 벌었다고 한다. 돈을 벌면 모아야 하는데 아버지는 다른 곳에 쓰기 바빴다고 한다. 사장이 자리를 비우고 돌아다니니 돈은 더 셌다. 식당이 망하기 직전에 그만두고 남은 돈으로 뜬금없는 렌터카 회사를 차렸다. 그게 문제였다. 제대로 공부하지도 않고 일으킨 사업은 또 망했다. 배짱이 있는 건지 무모한 건지 남은 돈을 박박 긁어서 작은 고기부페를 냈다. 식당은 더 이상 하지 말았어야 했는데 아무도 아버지를 말리지 못했다. 적자가 나서 그것도 그만뒀다.

그 이후에도 아버지가 손대는 일마다 망했다. 사업이 쉬운 일이 아니다. 사업은 아무나 하는 게 아니었다. 망하면 멈출 줄 알았는데 계속하는 것을 보면 아버지의 오기와 끈기도 알아줘야 한다. 답답하다. 아버지는 오죽 답답했을까?

아버지가 사람을 믿지 못하게 된 건 그즈음부터다. 아버지는 친척들 그 누구도 믿지 않았다. 명절에 모여도 형제들이랑 싸우기 일쑤였다. 믿음이 부족한 아버지는 화가 많아졌다. 엄마는 점점 더 속으로 병들어가고 있었다. 돈보다 귀한 것이 가족인데, 그 당시엔 모두 돈 때문이라고 생각했다.

결국 두 분은 침몰하는 배처럼 서서히 가라앉았다. 자식도 눈에 들어오지 않았다. 발버둥 쳐도 안 되는 게 있다는 걸 이제 안다. 망하고 싶은 사람이 어디 있을까? 열심히 일해서 벌었지만, 모으고 불리지 못했다. 마음대로 되지 않는 게 인생이었다. 지금 곁에 계신다면 놀려도 먹고 호강도 시켜드릴 텐데 그때처럼 두 분은 멀기만 하다.

이럴 거면 왜 우리를 낳았어?

 망하고 싶은 사람이 어디 있겠냐마는 아버지는 하는 일마다 실패했다. 철저하게 준비하지 못했고 사업가 마인드도 없는 것을 인정해야 했지만, 그게 어디 쉬운 일인가. 아버지의 핑계는 늘 자신이 아니라 바깥을 향했다. 그래야만 버틸 수 있었을지도 모르겠다.

 엄마랑 사이가 안 좋아진 건 아버지가 모든 재산을 말아먹었을 때부터였다. 아버지는 밖으로만 돌았다. 처자식을 버리고 나가서 집에 오지 않았다. 어쩌다 집에 오면 손님보다도 못하게 왔다가 또 사라졌다. 그런 아버지도 아버지라고 기다리다 지치는 건 남은 자식들 몫이었다. 버려진 가족들은 각자 살길을 찾아야 했다. 밖으로 돌던 엄마마저 집에 오지 않는 날이 많아졌다. 우리 집은 부모님이 없는 집이 돼 버렸다.

 아버지에게는 여자도 있었다. 공사 현장에서 일하던 여자랑 눈이 맞아서 살림을 차린 것이다. 돈이 줄줄 새어 나간 이유였다. 아버지는 처음엔 미안한 마음에 엄마에게도 자식들에게도 절절맸었다. 잘못했다고 엄마한테 빌고 또 빌었지만 소용없는 일이 되고 말았다. 시간이 흐르면서 미안함은 뻔뻔함으로 바뀌었다. 엄마는 자기를 배신한 아버지에게 악다구니를 쓰고 폭력적으로 변해갔다. 남편의 외도에 넋이 나간듯했다. 그러면서 엄마 역시 자식들의 든든한 기둥이 되지 못하고 두 분은 무너져 갔다.

아버지는 엄마를 끔찍이도 싫어했다. 아버지는 엄마가 얼음장보다 차갑고 남편을 존대하지 않는다며 비겁한 핑계를 댔다. 그런 아버지에게 존댓말 해주는 여자를 만나서 홀딱 넘어간 거다. 아버지는 자기 돈을 다 가져간 그 여자의 사랑발림에 넘어가 오래도록 빠져나오지 못했다. 엄마가 돌아가실 때까지.

남편의 배신에도 엄마는 절대 이혼만은 하지 않겠다고 버텼다. 그게 엄마의 유일한 무기였다. 경제 능력 없던 엄마는 불규칙하게 들어오는 아버지의 돈으로 살아야만 했다. 그게 우리 가난의 이유였다. 아버지가 엄마한테 얼마를 줬는지 모르지만, 아끼는 법을 몰랐던 엄마는 항상 돈이 부족했다. 엄마는 아버지에게 화를 내고 급기야 물건을 집어 던지며 돈을 더 가져오라고 소리치곤 했다. 어린 자식들의 공포를 보지 못하는 부모님이랑 산다는 것은 참으로 끔찍하게 싫은 일이다.

아버지는 하는 사업마다 망하고 마지막엔 집 짓는 일을 했었다. 인부들을 모아 일을 시키고 공사가 끝나면 돈을 받았다. 그러나 그마저 아버지에겐 사치였을까? 아버지는 종종 사기꾼에게 당했다. 일하고 돈을 못 받아서 화가 가득 차 있을 때가 많았다. 남들은 평생 한 번 사기를 당하기도 어려운데, 아버지는 자주 많은 돈을 잃었다고 했다. 돈 떼먹고 도망가는 사람이 아버지 주위엔 왜 그리 많은 건지 알다가도 모를 일이다.

　맨날 돈을 못 받아서 자식들 용돈도 대학 등록금도 없다고 했다. 아버지의 돈 없단 소리는 가장 듣기 싫은 소리였다. 돈 없다는 부모랑 사는 자식들은 돈을 일찍부터 벌어야 했다. 그렇지 않으면 용돈이 없는 학교생활을 해야 했기에 틈틈이 벌고 모아야 했다. 옷도 내가 벌어서 사서 입어야 했고, 친구들 만나서 뭐라도 하려면 돈 없이는 어렵기에 동생들은 중고등학교 다니면서도 아르바이트를 해야 했다. 그러나 아버지는 공사판에서 일할 때조차 깔끔하게 차려입고 다녔다. 누군가의 손길이 보이는 아버지의 단정한 옷 매무새가 항상 보기 불편했다. 아버지는 낯선 손님처럼 왔다가 인사도 없이 가는 무정한 손님처럼 떠나갔다. 어린 시절 어쩌다 보는 아버지는 평생 손님이었다.

　맨날 돈 없다는 엄마 아버지. 지긋지긋한 가난에도 정작 그들은 가난하지 않았다. 그들의 가난한 자식들은 살아남아야 했기에 더 똘똘 뭉쳐야 했다. 아버지는 엄마가 싫어서 집에 오지 않는다고 했다. 엄마는 그런 아버지가 싫어서 집에 오지 않는다고 했다. 부모답지 못한 사람들이다.

자식을 버렸지만, 버린 게 아니라고 했다. 버려진 사람한테 버린 사람이 할 소리는 아니었다. 이럴 거면 뭐 한다고 자식을 네 명이나 낳아서 힘들게 하는지 원망하며 학창 시절을 보냈다.

"니들 인생이니 니들이 알아서 해."

아버지가 입버릇처럼 하던 말이다. 내 친구들은 부모님의 지겨운 공부하란 소리를 듣고 자랐다고 했다. 그러나 우리 형제들이 듣고 자란 말은 자기 일은 알아서 하라는 것이었다. 공부도 용돈도 사람살이도 알아서 하라는 말이었다. 그게 유일한 당부였고 무책임한 발언이었고 어느 자식도 공감할 수 없는 말이었다.

당연한 말이고 살면서 꼭 필요한 말이고 어른이 되고 보니 살면서 분명 맞는 말인데. 그래도 어린 자식들한테 그 말밖에 해줄 말이 없었을까. 방법을 알려주지도 않고 방향을 잡아주지도 않고서. 모범은 바라지도 않았지만 그래도 정상이라고 부를 수 있는 범위 안에서 살게는 해줘야 하지 않았을까. 이게 과연 무리한 바람일까.

집에서 공부하라는 말이 없으니 진짜 공부할 사람만 했다. 나는 고3 때까지 반항한다고 공부하지 않았다. 그런데도 부모님은 눈도 깜짝하지 않았다. 공부 못한 나만 손해였다. 공부 못해서 대학 못 간 건 순전히 내 탓이다. 그러면서도 대학 못 간 자식은 부끄러워했다.

셋째 여동생도 고등학교 때부터 용돈 번다고 이일 저일 가리지 않고 했다. 그러다가 정신 차리고 고3 여름에 발등에 불 떨어진 사람처럼 공부했다. 다행히 간호 대학교에 들어가서 평생 밥벌이를 하고 있다. 대학 생활과 아르바이트를 겸하느라 얼마나 힘들었는지, 동생과 나는 동병상련의 아픔을 가지고 있다.

    둘째와 넷째는 내내 공부랑 먼 생활을 했다. 고등학교도 겨우 다니고 졸업 후 취직했다. 변변한 직장은 욕심낼 수 없었다. 다 커서 본인들이 필요하니 늦게나마 대학에 다니게 되었는데 좀 더 일찍 깨달았다면 좋았을 것을 하는 맘이 크다.

    어릴 땐 가난하게 사는 게 팔자라고 생각했다. 부모님이 물려준 게 가난이라 그게 운명이라 여겼다. 하지만 부모님 때문에 자식들이 내내 가난하게 사는 건 억울했다. 부모가 신경을 안 써도 살아내는 것은 각자의 몫이었다. 나와 동생들은 아버지 말대로 알아서 살길을 찾아야 했다. 그것도 너무 이른 나이에 말이다. 이럴 거면 왜 우리를 낳았냐고 수없이 소리쳤지만, 한 번도 입 밖에 내지 못한 말이다. 우리는 우리 살길을 만들어 낼 수밖에 없었다. 소리 내지 못한 절규는 응어리져 억척이 되어간다.

대한민국 K-장녀

우리 4남매는 부모님이 안 계신 집에서 각자 자기 나름의 역할을 하며 살아야 했다. 나는 중학교 때부터 밥을 해야 했고, 둘째는 집 안 청소를 맡았고, 셋째는 세금을 정산했다. 어른이 된 지금도 어릴 때 하던 업무를 가장 잘하고 산다. 둘째는 그때나 지금이나 깔끔하다. 셋째는 야무지게 돈을 모아 미국에 살면서 집도 샀다. 막내는 장가가더니 살뜰히 모아 분양받은 집에 들어갈 꿈에 부풀어 있다. 어릴 땐 남들보다 힘겹게 살았지만 우린 기특하게도 잘 자랐다.

아무래도 맏이인 나는 동생들을 더 챙겨야 한다는 책임감이 생길 수밖에 없었다. 소풍날도 마찬가지였다. 내 도시락은 물론 동생들 김밥도 싸야 했다. 엄마는 없고 빈손으로 소풍에 갈 수는 없었다. 방법은 하나다. 내가 만든 김밥을 들려 보내야 한다. 어떻게 그런 생각을 했을까? 중학생이 동생들 소풍 도시락을 챙겨 보내겠다는 용감한 생각을 했다는 사실만으로도 그때의 어린 나에게 잘했다고 토닥여 주고 싶다. 기억이 잘 나진 않지만, 중학생이 김밥을 싸봐야 얼마나 잘 쌌을까? 김밥전문점에서 포장하면 될 텐데 그땐 그런 생각도 할 줄 몰랐다.

엄마가 싸준 김밥만큼은 아니지만, 구색은 잘 맞춰 둘둘 말았다. 김밥 옆구리가 터지고 삐뚤빼뚤 썰어서 크기도 제각각이다. 참치김밥도 불고기김밥도 아닌 재료가 거의 없었다. 김밥 양쪽 끝에 꽁다리는 빼고 멀쩡한 가운데 부분만 이쁘게 잘라서 도시락통에 넣고 손수건으로 꽁꽁 묶어 소풍 가방에 넣어준다. 언니가 싸준 도시락을 동생들은 야무지게 먹고 빈 그릇을 들고 왔다. 친구들 도시락과 비교하면 많이도 부족하지만, 누구 하나 툴툴거리지 않고 맛있게 먹어준 착한 동생들이다. 고맙고 이쁘다.

내가 주방에서 음식을 하면 둘째는 집 청소를 했다. 주말엔 신발을 빨아서 볕에 말리는 일을 거른 적이 없다. 주말 대청소는 둘째 특기이다. 이불 빨래도 일반빨래도 어릴 때부터 잘했다. 옷을 세탁기에서 꺼내서 잘 펴서 널고 이쁘게 잘 개서 넣는다. 부모님 없는 티를 내지 않으려고 더 깔끔하게 입고 다녔다.

셋째는 매달 세금과 생활비를 아버지한테 받아내는 일을 했다. 생활에 필요한 돈을 부모님은 알아서 먼저 준 적이 없었다. 셋째가 아버지한테 돈을 받아오면 우린 한 달을 아껴서 살았다. 아버지가 주는 돈은 언제나 부족했다. 용돈은 없었다. 돈 없다는 핑계 대는 아버지와 살림에 관심도 없는 엄마가 자식들을 더 힘들게 했었다. 직접 세금 한번 내본 적 없는 부모님이랑 사는 건 생각보다 버거운 일이다.

집에 없는 부모님을 대신해 우린 냉장고 파먹기를 해야 했다. 동생들과 베란다에서 숯불 피워서 곱창 구워 먹었던 기억은 두고두고 추억거리다.

아버지가 한때 고기부페를 해서 집 냉장고에 온갖 고기가 넉넉했던 시절이 있었다. 냉장고에 곱창이 있었는데 동생들이 그걸 먹고 싶다고 했다. 곱창은 숯불에 구워야 제맛이란걸 어린 나이에도 알았나 보다. 어린애들이 숯불 피운다고 연기 때문에 눈물을 흘리면서도 입김 부는 것을 멈추지 않았다. 어른도 숯불 피우기는 어려운데 우리의 먹겠다는 의지는 꺼지지 않는 숯불만큼 뜨거웠다.

각자 알아서 신발장 옆 좁은 베란다에 신문지부터 깔았다. 신문지 위에 반찬이랑 밥을 가져다 놓았다. 겨우 살린 숯불 위에 철망을 올려서 손질된 곱창이랑 삼겹살을 구웠다. 숯불에 고기에서 나온 기름이 떨어지면 불꽃이 올라왔다. 그때마다 어린애들이 깜짝 놀라 뒤로 호들갑스럽게 물러났다. 호기롭게 시작한 일이었지만 우리는 그날 처음 한 일이기에 서로에게 끝까지 용감해야 했다. 고기가 익었는지 안 익었는지 알 수 없다. 맛이 어땠는지 기억도 나질 않지만 그런 건 중요하지 않다. 지금까지도 손에 꼽는 인생 곱창이었으니까.

살면서 그날만큼 음식에 진심이었던 적이 있었나? 어른이 된 지금, 형제들 모이면 가끔 그날 일을 떠올리면서 한참을 이야기한다. 지금이라면 못 할 일을 해낸 아이들이다. 곱창구이 해 먹었던 그날, 우리는 한 뼘씩 컸다. 나는 중학생, 나머지 동생들은 초등학생이었다. 다들 배 불리 먹고 치울 일이 난감했었나 보다. 그 이후로 한 번도 안 해먹은 걸 보면 말이다. 그래도 우리끼리 해냈다는 게 신기하고 기특하다.

그 시절 부모님 없이도 외롭지 않았고 오히려 즐거웠다면 믿어줄까? 때론 동생들이 귀찮을 때도 있었지만 그들이 있었기에 무사히 지금까지 왔다. 무심한 부모님보다 더 든든한 동생들이다.

우리의 성장을 지켜본 주변인들은 그런 상황에서도 누구도 엇나가지 않은 게 신기하다고 말한다. 모두 좋은 어른으로 커서 남편과 제부들은 우리 4남매를 기특해한다. 오히려 더 끈끈한 우애를 부러워한다. 각자 열심히 살았고, 잘 자라 준 동생들이 그 누구보다 자랑스럽다.

살아남기, 각자의 땅으로

대학교 4년 동안 학비 마련과 용돈벌이가 공부보다 더 힘들었다. 대학 들어갔다고 좋아하는 부모님도 아니었다. 알아서 하라는 아버지의 말은 빈말이 아니었다. 대학 등록금은 물론이고 용돈도 주지 않았다. 정글에서 살아남기였다. 친구들은 부모님이 주신 용돈을 받으며 사는데 나만 돈을 벌지 않으면 학교 다닐 수 없는 이런 삶을 살아야 하는 게 서글펐다. 자식들을 강하게 키우려는 의도였겠지. 가난한 부모님도 먹고살기 바빠서 그랬겠지. 이렇게 생각해야 조금은 덜 억울하니까. 혼자 다독이며 살아남아야 했다.

대학생이 아르바이트로 학비와 용돈 벌기는 쉽지 않았다. 별별 아르바이트를 다 해봤다. 신문 배달을 시작으로 백화점 점원, 커피숍 서빙, 당면공장 직원, 설문조사, 식당 서빙, 출판사에서 책도 팔았다. 겨울엔

길거리에 손수레를 끌고 나가 어묵도 팔았다. 대학 4학년엔 교수님 조교도 했었다. 조교 하면 등록금 일부가 나와서 자원했다.

학기 중에 아르바이트를 아무리 해도 등록금 내기엔 턱없이 부족해서 아버지한테 일부만 보내달라고 부탁해도 아버지는 돈 없단 소리만 했다. 내 사정을 듣더니 등록금 마감일에 담당 교수님이 학비를 선뜻 빌려주셨다. 교수님께 급해서 돈을 빌렸지만 죄송하고 고마운 마음이다. 학기 중에 아르바이트해서 갚았지만, 제자에게 학비를 내주는 일이 쉬운 일이 아님을 알기에 더더욱 고마웠다. 그런 나를 위해 교수님은 조교 자리를 만들어 주셔서 4학년 졸업은 학비 걱정을 조금 덜 수 있었.

학자금대출이라는 게 있었는데 그땐 전혀 몰랐다. 대출 없이 돈 벌어 학교 다니려고 하니 졸업만 하길 얼마나 간절히 빌었는지 모른다. 졸업을 바라는 건 나뿐만이 아니었다는 걸 나중에 알고 섭섭했다. 부모님은 자식들이 어서 졸업해서 돈을 벌어오길 바라는 눈치였다.

둘째는 고등학교 졸업하고 바로 취업했다. 우리 집에서 유일하게 밥벌이하는 사람이었다. 셋째는 고등학생 때부터 알바를 했다. 용돈이 필요한데 주는 사람이 없으니, 본인이 알아서 벌어야 했다. 나는 내 밥벌이가 힘겨워 동생이 알바 하는지도 몰랐다. 막내도 중학생 때부터 알바를 했다고 한다. 공부만 해도 힘겨울 나이에 우린 돈 버느라 각자 버거운 삶을 살고 있었다.

셋째는 간호대학에 들어갔다. 어릴 때부터 간호사가 꿈인 아이였다.

야간 대학 다니면서 낮에는 알바를 했다. 힘든 간호대 공부와 돈벌이를 하느라 동생은 항상 잠이 부족했다. 다행히 졸업하고 대형병원에 바로 합격했다. 더 이상 등록금을 안 내도 되는 건 물론이고 매달 나오는 월급이 생겼으니 얼마나 감사한 일인지 모른다. 게다가 근무지도 집 근처에 있어 출퇴근도 수월했다.

아버지는 당뇨에 고혈압이 있었는데 자식이 병원에 근무한다고 하니 더 좋아하셨다. 병원 예약을 다른 사람보다 빨리 잡을 수 있었고 병원비, 약값도 혜택을 보니 이만한 효녀가 없었다. 한창 바쁜 신입 간호사에게 아버지는 바라는 것도 많았다. 당신 딸이 이렇게 잘 컸다고 자랑하고 싶어 하셨던 것 같다.

엄마는 언젠가부터 우리에게 돈을 달라고 했다. 줘도 줘도 부족하다고 했다. 직장 다니는 자식들이 대출까지 받아서 돈을 빌려줬다. 빌린 돈을 갚은 적은 없다. 오히려 부족하니 대출을 더 받아 달라고 했다. 돈 없다고 하면 줄 때까지 전화해서 죽는다고 악을 썼다. 용도가 무엇이냐고 물어봐도 한 번도 정확하게 말한 적이 없다. 우린 매번 엄마에게 속을 걸 알면서도 빌려줬다.

나랑 둘째는 몇 번 해주다가 더는 해줄 수 없어서 그만뒀다. 둘째가 먼저 취직해서 적금 든 돈을 해약해서 드리고는 끝을 냈다. 내가 취직하고 나서부터는 나한테 돈을 빌렸다. 어느 정도만 빌려주면 된다고 해서 적금 모아둔 돈을 털어서 드렸다. 그래도 항상 돈이 없다고 했다. 빚내면서까지 엄마의 부탁은 들어줄 수 없었다. 결혼하려고 모아둔 돈을 마지막으로 엄마와 돈거래는 끝냈다.

　셋째는 신입이라 월급은 적었는데 직장이 튼튼해서 대출을 많이 해 줬다. 엄마는 한도가 되는 대로 돈을 빌려달라고 했다. 동생은 속을 줄 알면서도 거절 못 하고 대출을 받았다. 20년 전 이천만 원이란 돈을 빌렸다. 그날부터 동생은 돈에 시달렸다. 엄마는 돈을 받은 이후론 연락도 없고 집에도 오질 않았다. 빚은 갚아야 하는데 원금에 이자까지 신입 간호사 월급으로 갚기엔 버거웠다. 빚을 갚지 못해서 집에 압류 딱지가 붙었다. 그래도 엄마는 코빼기도 비치지 않았다. 동생은 3교대로 일하면서 내색도 하지 않고 일을 했다. 아버지는 엄마한테 돈 빌려준 우리가 문제라며 알아서 하라고 했다. 알아서 해야 할 사람들은 당신들이었는데 오히려 우리에게 해결을 종용했다. 책임감 없는 부모님은 아무렇지도 않게 함부로 말을 하는 분들이었다.

　그때 둘째랑 나는 결혼을 했고 나머지 동생 둘이 집을 지키면서 힘겨웠을 텐데, 셋째는 본인이 잘못한 것도 아닌데 하나씩 해결해 갔다. 간호사 생활 3년 만에 병원을 그만뒀다. 국제 간호사 시험을 치러 미국에 간다고 했다. 일하면서 혼자 공부하더니 합격했다. 그때 사귀던 남자친구랑 결혼해서 같이 미국에 간다고 했다. 동생이 미국에 간다고 하자 부모님의 반대가 심했다. 동생은 다시는 한국에 오지 않을 거라고 했다. 부모님 살아계시면 한국 땅에 발도 딛고 싶지 않다고 말이다. 동생의 그 마음이 짠하고 이해가 되니 잠을 수가 없었다.

동생은 지금도 미국에 산다. 부모님 때문에 한국이 싫다고 도망치듯 달아나 미국 시민이 되었다. 원망만 하며 쳐다보던 한국이 이제 그립다고 한다. 원망이 차츰 옅어지고 있나 보다.

우리는 서바이벌 게임처럼 살아남았다. 각자가 각자의 자리에서 당당한 어른으로 살아간다. 다행히 부모의 무책임함은 아무도 물려받지 않았다. 모두 제자리에서 인정받으며 일하고 있으니 기특하고 감사할 뿐이다.

많을수록 좋은 것

사이좋은 형제자매들이 주변에 많다. 그중에서도 우린 의리가 남다르다. 남편과 제부들은 우리의 끈끈함이 부럽단다. 콩가루 같은 집안 이야기엔 결혼을 망설일 만큼 충격이 컸을 거다. 장인 장모가 짐이 될 것을 왜 걱정하지 않았겠는가? 민망했지만 그건 우리 잘못이 아니기에 당당했다. 부모님이 무책임하다고 해서 우리 4남매가 무책임하게 살아본 적은 한 번도 없었다. 오히려 더 열심히 살았다. 그러지 않으면 살기 힘들기에 기를 쓰고 살았다. 단 하루도 허투루 살지 않았다.

셋째는 결혼하자마자 부부가 함께 미국으로 갔다. 동생은 국제 간호사 자격증을 따 미국에 있는 병원에 취직이 되었고, 제부는 한국에서 하던 실내 건축을 하기로 했었다. 미국엔 제부 누나가 10여 년 전부터 자리 잡고 있었기에 시부모님이 챙겨주신 돈을 가지고 가서 시작할 수 있었다. 누나 집에 들어가서 동생네는 초반 정착을 할 수 있게 되었다.

하지만 희망으로 기대한 미국 생활은 삐걱거리며 시작되었다. 동생은 취업 알선회사의 사기로 이상한 요양원에 보내졌다. 약속과 다르다고 항의했지만, 그만두면 다시 한국으로 돌아가야 한다고 해서 울며 겨자 먹기로 버티고 버텨서 2년을 마치고 그만두었다. 2년을 버티지 않으면 경력도 인정이 되질 않는다고 해서 악착같이 버텼다. 영어도 잘 못하지만, 미국에서 살아남기 위한 몸부림이 시작된 것이다. 제부도 실내 건축하는 한국인 사장을 만나서 열심히 일했지만, 월급을 받지 못해 나오게 되었다.

누나 집에서도 오래 머무를 수 없어서 나와서 살았다. 먹는 거, 입는 거 다 아끼고 살아야 겨우 월세 내고 살 수 있었는데 한국 식구들은 몰랐다. 우리 걱정할까 염려돼서 아무 말도 하지 않았다는 이야기를 나중에 들었다. 미안하고 안쓰러워서 많이도 울었다.

2년을 독하게 버틴 동생은 요양원을 그만두면서 곧바로 샌프란시스코에 있는 대학병원에 취직이 되었다. 한국병원에서 3년 다닌 이력과 요양원 2년 경력을 인정받아서 대학병원 면접을 한 번에 통과했단다. 그당시 동양인 간호사가 취업 잘될 때라 행운이라고 하는 사람도 있지만 모르는 소리다. 그동안 일하고 공부한 동생이다. 취업 사기로 좌절했더라면 없을 일이다. 그때 같이 미국에 들어왔던 간호사들 대부분이 다시 한국으로 돌아갔단다. 유일하게 살아남은 녀석이다. 그녀에겐 절실함이 있었기에 가능한 일이었다.

동생 부부는 아이가 없다. 처음에는 먹고살기 바빠서 애를 키울 여력이 없다고 하더니 얼마 전엔 제부가 애 없이 살자고 했단다. 제부도 부모님이랑 좋은 기억이 없던 사람이라 동생의 미국행이 어찌 보면 탈출구였으리라. 지금 동생은 자리 잡고 잘살고 있다. 대학병원 간호사로 오랫동안 일하고 있고, 가끔 대학에서 강의도 한다. 제부는 동생이 다니는 병원에 같이 근무하면서 사이가 더 좋아졌다. 얼마 전엔 알뜰히 모은 돈으로 집도 샀다. 비록 대출받아 샀지만 하나씩 가꿔가면서 사는 재미가 있단다. 실내 건축 전공한 제부가 이제야 전공을 살리고 있다. 문짝부터 계단까지 제부의 손길이 닿지 않은 곳이 없다. 능력자가 그동안 아내 뒷바라지만 했으니 얼마나 답답했을지 미안하고 고맙다.

둘째는 한때 미용사였다. 시어머니가 기술을 배우라는 말에 미용을 택했다. 미용실을 차려준다는 말에 하기 싫은 미용 일을 한 것이다. 미용 쪽은 자격증을 따도 보조 생활은 길게 해야 하는지 시간이 지나도 보조만 했던 둘째다. 알고 보니 미용 일이 적성에 안 맞았단다. 평소에도 머리카락이 옷에 묻으면 유난히 싫어했던 동생이다. 그런 아이가 미용실에서 맨날 머리카락을 만지고 털어 냈으니, 지옥이 따로 없었단다. 동생 시어머니는 그런 며느리가 답답했었는지 잘 나가는 당신 딸과 비교하시며 서러움을 주었다. 그때는 시댁 식구들의 염려 섞인 말도 귀에 들어오지 않았다고 한다. 좋은 소리도 한두 번이다.

그러다 내가 일하는 부서에 문제가 생겨서 몇 주만 회사 일을 해달라고 부탁했다. 말도 안 되는 거 알지만 그때는 방법이 없었다. 때마침 둘째가 하던 일을 그만두고 쉬고 있었기에 지푸라기 잡는 심정이었다. 둘째는 도봉구에 산다. 사무실은 송파구에 있다. 차도 없이 왕복 3시간. 부탁하는 나도, 거절 못 하는 동생도 난감한 상황이었지만 동생은 한 번에 허락했다. 몇 번 해보더니 일이 재미있다고 했다. 이건 뭐지? 뜬금없는 재능발견이다.

  둘째를 정식으로 입사시키기로 했다. 일이 재미있단 사람을 드디어 만났는데 놓칠 수 없었다. 그게 내 동생인데 그동안 몰랐다. 몇 년 전 남동생을 회사에 데려왔을 때 서로 맘고생 했던 기억에 다시는 아는 사람이랑 일하지 말자고 했었는데 둘째는 달랐다. 아이들을 가르치기 위해서는 본인 스스로 학습이 필요하다고 느낀 동생은 사이버대학에서 아동심리학도 배웠다. 늦은 퇴근에 힘이 들었을 텐데 일 끝내고 틈틈이 강의를 듣고 시험도 봤다. 언니가 일하면서 공부한다니까 미국 동생이 학비를 지원해 줬는데 미안하고 고맙고 기특하다.

  둘째가 선생님이 되면서 동생 시댁 식구들이 대하는 태도가 달라졌다. 동생을 답답해하던 식구들이 이제는 기특해한다. 조카들도 달라진 엄마가 참 좋단다. 짜증 부리기 일쑤였던 엄마가 목소리도 상냥해지고 성격도 밝아지니 가족들도 모두 환영이다.

  세상에 많을수록 좋은 게 많이 있다. 돈이 그렇고 복이 그럴 것이다. 나에게 많아서 좋은 것 중 제일은 동생들이다. 원망스러운 부모님이지만 감사하게도 동생들을 많이 낳아주셨다. 기쁜 일도 슬픈 일도 많았지만 함께여서 버틸 수 있었다. 나 혼자였다면 더 힘들었을 시기를 동생들 덕분에 넘길 수 있었다. 동생들이 있기에 오늘의 내가 있다고 해도 과언이 아니다. 그때처럼, 지금처럼 우리는 또 같이 함께 살아갈 것이다.

이양과 김 씨

어릴 때 부모님은 당신들이 낳은 자식이 많다고 여겼는지 4명을 한꺼번에 데리고 나가는 일을 꺼리셨다. 나라에선 '둘만 낳아 잘살아 보자'라고 할 때 부모님은 아들 낳겠다는 일념 아래 딸 세 명을 낳고서도 포기가 되질 않았나 보다. 남동생이 태어나고 그제야 부모님은 자식 네 명이 많다고 느꼈을지도 모른다. 아버지가 남동생만 끼고 살아서 서운하고 서러웠던 적이 한두 번이 아니다. 딸한텐 애정이 없는 줄 알았다. 남동생한테는 생일날도 남달랐다. 아버지랑 불과 5일밖에 차이 나지 않았지만, 아들 생일상은 한 번도 빠트리지 않았다. 거기다 손님도 초대하라고 했다.

남동생 생일에는 동네 꼬마들이 우리 집에 다 모였다. 친한 친구는 물론 얼굴만 아는 친구도 오고 친구의 엄마들도 와서 먹고 놀다 갔다. 누나 세 명은 이때부터 시중드는 하녀로 전락했다. 좁은 집에서 음식 나르고 애들 챙기고 잔심부름하는 건 누나들 몫이었다. 부모님은 딸들 생일은 한 번도 챙겨주지 않으면서 시중드는 건 당연하게 생각했다.

내 생일은 8월 2일, 셋째는 8월 15일. 13일 차이가 난다.
'응답하라 1988'에서 덕선이가 언니랑 생일 케이크 하나로 같이 축하하는 장면이 나왔다. 덕선이는 이번에도 같이 하냐며 서러워 소리 지르며 울 때 나도 따라 펑펑 울었던 기억이 난다. 둘째 딸 덕선이 마음도 충분히 이해하지만, 챙겨주지 못한 부모의 속사정이 짠해서 더 눈물이 났다. 엄마가 되고 보니, 엄마 마음이 보인다. 가족들 모두의 생일과 케이크를 챙겨주지 못한 그 마음을 그땐 알지 못했다.

아이러니 한 건 우리 자매들의 기억이 조금씩 다르다는 것이다. 셋째 말에 의하면 자기 생일은 한 번도 챙겨주지 않았고 언니 생일에 매번 자기 생일을 같이 했다는 거다. 더 억울한 사람의 기억이 정확할 것이다. 그래도 맏이라 내 생일을 더 챙겼나 보다. 억울하긴 둘째도 마찬가지다. 9월 말에 태어난 동생은 아예 케이크는 기대도 할 수 없었다면서 한 맺힌 소리를 한다. 지금은 큰언니로서 동생 생일을 잘 챙겨주려고 한다.

둘째가 회사 다닐 때 일이다. 아버지가 둘째를 급하게 찾아야 할 일이 있었단다. 그래서 동생 회사로 전화해서는
"저... 음... 거기... 이 양 있나요?"
처음엔 잘못 걸린 전화인 줄 알았단다. 전화 받는 사람이 '이양'이 누

굴까 하고 한참 생각했단다. 이름이 있음에도 둘째는 '이양'이 되었다. 어떤 아버지가 딸 회사에 전화해서는 '이양'이라고 부른단 말인가? 당황스러운 상황에 웃음도 나오지 않는다. 그 당시 동생은 회사에서 부끄러워 도망치고 싶었다고 했다. 그 이후에 우린 둘째를 '이양'이라고 부르며 놀렸다. 이씨 가문에서 '이양'이라고 불리는 유일한 사람이다.

아버지는 딸자식들 생일도 깜빡하는 분이셨다. 당신 아들 생일은 며칠 전부터 학수고대하면서 말이다. 딸들이 며칠 있으면 생일이라고 말해줘도 소용없었다. 결혼해서도 자식들, 사위들, 손주들 생일을 기억할 일 없는 아버지는 옆에서 알려줘야 아는 분이라 그러려니 하고 살았다. 섭섭하지도 않다. 하지만 이름과 호칭은 아무리 위급한 상황에서도 기억해야 맞지 않는가? 아무리 급해도 그렇지 '이양'이 뭔가? 그때 듣는 동생 기분이 어떨지 상상도 되질 않는다.

어느 겨울 아버지 생신 기념으로 속초 콘도에 온 가족이 간 적이 있었다. 손주들이 장기 자랑을 선보이고 자식들의 만수무강 이벤트를 벌여 아버지 생신을 축하했다. 오랜만에 가족끼리 시간을 보내고 서울로 돌아오는 길에 벌어진 일이었다.
 폭설이 내리는 바람에 차가 기어가기 시작했다. 3시간이면 오는 길을 무려 10시간 걸렸으니, 차에서는 난리가 났다. 먹을 것도 떨어지고, 기름도 떨어지고, 화장실 가는 것도 문제였다. 겨우 휴게소에 도착하니 전쟁터가 따로 없었다. 사람도 많고 차가 하도 많아서 휴게소에서 길을 잃어

버릴 것만 같았다. 각자 아이들 잘 챙겨서 꼭 잡고 다녀야 했다.

화장실이 급한 아버지가 차에서 내리면서 누군가를 부르셨다.

"김 씨 같이 가!"

사람들 사이에 아버지가 아는 김 씨 아저씨를 만났나 생각했는데, 알고 보니 그건 둘째 사위를 부르는 말이었다. 말하는 아버지도 어이없지만 그걸 찰떡같이 알아들은 제부가 더 놀라웠다.

"네, 아버님 같이 가요."

이럴 수가. 김 씨라니. 암만 급해도 사위를 '김 씨'라고 부를 수가 있을까? 김 서방이 아니고 '김 씨'라니. 그 이후로 온 가족이 모일 때마다 아버지를 놀린다. 그래도 아버지는 미안해하는 얼굴이 아니다. 민망하기는 한 모양이다. '김 씨'라는 말은 하지 않는다.

"어이 자네 왔는가?"

4월 중순에 아버지 기일이 있다. 주말에 우리 부부랑 둘째 부부가 괴산 호국원에 다녀왔다. 아버지를 보면 놀리고 싶다. '김 씨'랑 '이양' 왔다고 말이다. 옆에서 부러운 눈으로 보는 사람이 있었는데 그게 바로 남편이었다. 아버지가 단 한 번도 자기 호칭을 대놓고 부른 적이 없다고 말했다. 그저 눈치로 부르면 달려갔다고 했다. 남편은 김 씨보다는 낫다고 하며 우스갯소리를 한다.

이번에도 호국원에 가서 아버지를 불렀다.

"아버지 저희 왔어요."

우린 아버지 앞에서 옛이야기 하며 한참 웃었다. 생각해 보면 힘들고 슬픈 일만 가득했던 것 같은데, 그 사이사이에 웃을 일이 더 많이 있었다. 시간이 지나면 그리움이 되고 추억이 된다. 이제는 볼 수도 없는 아버지지만, 자식들이 함께 웃으며 아버지를 떠올리는 것만으로 충분하다. 그것으로 되었다.

엄마 없는 하늘 아래

엄마가 죽었다.

엄마는 소뇌위축증이었다. 처음 들어보는 병명이었다. 소뇌위축증은 파킨슨증후군에 속하는 질환이다. 사람의 뇌는 여러 부분으로 나뉘고 각각의 역할이 있는데 그중 소뇌는 행동을 관장하는 중요한 기관이라고 한다. 소뇌가 위축되면 온몸의 장기가 서서히 마비되면서 죽어가게 된다. 파킨슨병! 약도 없다고 했다. 치료제는 개발 중이라고. 뭐 이런 말도 안 되는 일이 있을까? 엄마는 평소에 병원 한번 다닌 적 없던 사람이다. 그런 엄마가 파킨슨병에 걸려?

엄마가 물건을 자주 떨어뜨리게 된 이유를 알게 되면서 우리는 어떻게 해드려야 하는지 걱정했다. 딸들이 모두 결혼하고 엄마는 남동생이랑 둘이 살았기에 더욱이 신경이 쓰였다. 몸이 급속히 나빠졌다. 물 잔을 들 수 없었고, 수저도 들기 힘들어졌다. 화장실 한번 가기도 힘이 들어서 밀고 다니는 워커를 사다 드렸다. 아픈 엄마랑 사는 남동생은 점점 더 수척해졌고, 엄마는 종일 그런 아들만 기다렸다. 나도 사는 게 바빠서 자주 찾아뵙는 건 생각보다 힘이 들었다.

엄마는 딸들이 갈 때마다 씻겨드리고 청소며 빨래며 집안일을 하는데도 화를 자주 냈다. 우울증이 몸의 마비와 함께 와서 점점 심각해졌다. 이러다가는 남동생이 먼저 말라죽을 거 같았다. 식사하기도 힘들어하는 엄마를 그냥 보고 있을 수 없었다. 요양병원으로 모셔야 했다. 엄마는 가기 싫다고 하셨다. 병원에서 죽고 싶지 않다고 했다. 우리는 미안했지만, 힘들어하는 남동생과 엄마를 더 이상 두고 볼 수가 없었다.

처음에는 창원에 친척분이 근무하는 요양병원에 모셨다. 병원 관계자면 엄마를 따로 자주 뵙지 않을까 하는 생각이 들었다. 하지만 서울에서 창원까지는 너무 멀어서 엄마 보러 2주에 한 번 오가는 것도 너무 고되었다. 그러다 도저히 안 되겠다고 판단해서 다시 서울 집 근처로 모셔 왔다. 자주 찾아뵈어야 할 정도로 상태가 나빠졌다. 간병인이 상주하는 곳인데 엄마는 간병인 없이는 한 끼도 못 드시는 몸이 되고 있었다. 동생들이랑 돌아가면서 엄마를 뵈러 갔다. 엄마는 매일 기다렸지만 우리는 매일 가지 못했다.

병원에서 자주 전화가 왔다.

"어머님이 좀 안 좋으세요. 보호자님 빨리 오셔야겠어요."

몸 구석구석 마비가 되자 침 삼키는 것도 힘들어했다. 폐렴이 걱정된다고 의사는 조심해야 한다고 했다. 전화가 올 때마다 깜짝 놀라서 수업하다 말고 바로 달려갔다. 의사 선생님이 긴급으로 소생시켜 놓으셔서 위기는 넘겼다고 했다. 그때마다 엄마는 다시 살아났다. 몇 번의 호출로 우리는 긴장을 놓을 수가 없었다. 그 횟수가 잦아졌다.

미국에 사는 동생을 불러야 했다. 간호사로 일하는 동생은 병원에 누워있는 엄마를 보살폈다. 입원하고 처음으로 따뜻하게 대접받는다고 엄마는 좋아하셨다. 동생은 말도 잘 못 하는 엄마랑 계속 이야기를 했다. 엄마는 그런 딸이 좋았나 보다. 가끔 미소도 지어 보여줬다. 동생은 2주 동안 미국 들어가기 전날까지 엄마를 극진히 모셨다. 손발톱도 깎아주고 목욕도 시켜주고 옷도 깨끗하게 갈아입혀 주고 밥도 먹여주었다. 마지막 날 엄마는 그동안 아픈 사람이 맞나 싶을 정도로 멀쩡하게 동생 손도 잡고 밥도 잘 드셨다고 했다.

"엄마 잘 있어! 나 내일 미국 들어가. 다음에 또 올게."

그날 엄마는 동생이 돌아가는 것이 섭섭했나 보다. 눈물을 계속 흘려서 동생은 돌아서기가 힘들었다고 했다.

다음 날 오후 병원에서 엄마 호흡이 가쁘다고 전화가 왔다. 언제나 그랬던 것처럼 이번에도 또 의사 선생님이 살려놓을 거라고 믿었다. 수업이 몇 시간 남아서 요것만 마무리하고 가려고 했다. 진짜 요것만 하고.

또 전화가 왔다. 이번엔 진짜 엄마가 돌아가실 것만 같으니 빨리 오라고 했다. 더 이상 수업은 불가능했다. 서둘러 마무리했다. 몇 분 만에 다시 전화가 걸려 왔다.

"보호자 분, 어머님이 돌아가셨습니다."

귀에서 웅 웅 하는 이상한 소리가 났다. 엄마는 그 몇 시간을 못 기다리고 가버렸다. 내가 기다려달라고 했는데! 엄마는 끝까지 나를 못된 딸년을 만들고 말았다.

슬픔 한가운데에서도 엄마의 장례식은 순조롭게 진행이 되었다. 다행히 자식 4명이 서울에 있어서 엄마를 좀 더 힘들지 않게 보내드릴 수 있었다. 우리는 모든 게 처음이었고 장례식은 의식이 아니라 '일'이었다. 엄마가 병원에 누워있는 동안 준비를 미리 해둬서 허둥거리지 않아서 다행이었다. 병원에서 근무하는 제부가 장례식장을 준비했고 일 처리도 거의 도맡아 했다. 음식 주문, 인원 배치, 수의 준비, 화장장 등등. 장례는 돈이 들어가고 수많은 청구서와 영수증에 서명하는 일이었다. 우리 4남매는 이 일로 어른이 되었다.

어느 날 문득 매콤한 된장찌개를 한입에 눈물이 났다. 생전에 엄마가 해주던 맛도 아니었는데 엄마 생각이 나서 코끝이 매콤했다. 주책맞게 멈출 줄 모르는 눈물이 이상하게 막 쏟아졌다. 누가 그랬다. 엄마 돌아가시고 1년 동안 정신없이 보내다가 느닷없이 눈물이 날 거라고. 엄마랑 좋았던 추억도 하나 없는데. 난 엄마를 그리워하지도 않는데.

엄마 없는 내가 불쌍한 것도 아니다. 오히려 엄마가 짠했다. 진작 알았더라면 효도는 못 해도 손이라도 잡아드렸을 텐데. 평생 힘들게 몸 고생 마음고생하다가 사랑도 못 받고 간 엄마한테 미안하고, 마음속 깊은 곳에서는 계속 안쓰러웠다. 엄마가 아닌 한 여자로도 서글픈 사람이었는데 살아있는 엄마였을 땐 그걸 몰랐다. 엄마가 죽어서야, 그것도 한참이 지나서야 조금씩 알아간다. 피 한 방울 안 섞인 남도 위로하며 사는데 정작 엄마를 한 번도 위로해 본 적이 없다니.

다 큰 어른이라도 철이 드는 순간은 각자 다른가 보다. 엄마를 이해하는 일이 뭐 그리 어렵다고 오랜 시간 앙금으로 간직하고 살았는지 모르겠다. 그것도 이미 죽은 사람을 말이다.

엄마가 조금 더 살갑게 이야기 나누다 갔으면 좋았을 껄. 엄마한테 덜 쌀쌀맞게 말할 껄. 엄마 등을 다정하게 토닥여 드릴 껄. 껄껄껄 하게 되는 아침이다.

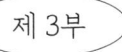

제 3부
문주리는 이문주

스무 살, 그를 만나다

 1993년 그해 겨울은 유난히 춥게 느껴졌다. 두 번째 수능시험을 보기 위해 예비 소집일에 맞춰 ○○중학교를 찾아가는 길. 떨리는 게 마음이었는지 몸이었는지, 한기를 느꼈다.
 내일이 시험인데 '주유원 구함'이라는 구인 광고가 눈에 들어왔다. 나는 천상 밥벌이 DNA가 살아있는 게 틀림없다. 수능 끝나면 일자리가 필요하니 같이 재수 준비한 친구랑 면접을 먼저 보러 들어갔다. 우린 대학 합격도 아닌 아르바이트 합격에 좋아했다. 수능시험 다음날부터 주유소 일을 하기로 했다. 대학 등록금은 벌 수 있을 거란 생각이 드는 거 보면 마음은 이미 대학 합격이다.

 고등학교 다니면서 제대로 공부하지 않았다. 그게 유일한 부모님에 대한 반항이었다. 공부 안 하면 나만 손해라는 걸 졸업할 때쯤 깨달았다. 부모님은 자식들 공부에 신경 쓰지 않았고 대학가는 걸 반기지 않았다. 스무 살, 대학도 안 가고 재수도 할 생각이 없던 나는 하루아침에 백수가 돼 버렸다. 나만 대학생이 아니란 생각에 주눅이 들었다.

교회에도 대학부가 있었다. 나만 빼고 다른 사람들은 다 대학생인것만 같았다. 교회에 친한 친구가 한 명 있었는데 남들 다 가는 대학, 우리도 한번 가보자고 했다. 그녀는 상업고등학교 나와서 잘 나가는 대기업에 다니고 있었다. 또래 중에 가장 돈 많이 번다고 부러워하는 친구들이 있었다. 하지만 자기도 대학 나온 사람처럼 차별 없이 살고 싶다고 했다. 대기업 다닌다고 친구들이 부러워했던 그 아이는 그곳에서 무슨 일은 당하고 살았는지 물어보지 못했다. 대학이라는 그 꿈이 누구에게는 간절하다 못해 처절하기까지 했다.

우리는 각자 돈을 벌어서 재수 학원비를 만들어 보자고 했다. 그 아이는 1년 동안 회사 다녔고, 나는 아르바이트를 해서 돈을 벌었다. 그 친구도 부모님이 대학 다니는 걸 반대했었다. 가난한 집 맏딸의 서러움이었다. 우린 용감해지기로 했고 환영받지 못한 공부를 위해 더 악착같이 돈을 모아야 했다.

1년 동안 치열하게 돈을 모았다. 몇 달 치 학원비에 용돈과 책값을 벌어야만 공부하는 동안 돈 걱정 없이 할 수 있으니 말이다. 그 친구는 대기업 월급이 넉넉해서 통장에 한 학기 대학 등록금도 쌓였는데 나는 고작 아르바이트로 돈을 모으니 학원비 정도만 겨우 벌 수 있었다. 그래도 자기가 번 돈으로 재수학원에 등록했으니 기특한 아이들이다. 공교육

12년, 학교에서 공부를 제대로 했으면 좋았을 텐데. 힘들게 번 귀한 돈으로 공부하니 학교 다닐 때보다 더 열심히 해야 했다. 공부하면서 이렇게 신날 수도 있다는 걸 처음으로 깨달았다. 후회 없이 공부하고 싶었다. 더 이상 재수는 없어야 하기에 실수가 있어선 안 된다.

   주유소 일은 생각보다 힘들었다. 겨울에 밖에서 일하니까 추위도 너무 추웠다. 11월 중순인데 건물 사이에서 부는 골바람에 한겨울 추위를 느꼈다. 일은 재미있었지만 추워서 항상 오들오들 떨어야 했다. 지금은 거의 셀프 주유를 하지만 그때는 대부분 주유소에서 직원이 직접 기름을 넣어주던 시절이라 일하는 사람이 많았다. 직원들은 대부분 나보다 나이 많은 남자들이었다. 친구랑 같이 일하지 않았으면 어쩔뻔했는지. 혼자가 아니라 외롭지 않았고 일은 덜 힘들게 느껴졌다.
   그날도 찬바람이 심했다. 종아리에 동상이 들 정도로 추웠던 날이었다. 친구는 온 지 3일 만에 더 이상 못 하겠다고 나가버렸지만, 나는 대안이 없어서 남아있었다. 내 친구 대신 새로운 아르바이트생이 왔다. 그 친구도 수능 보고 일자리 찾으러 왔다고 했다. 나는 밥벌이지만 그는 세상 경험을 쌓기 위해 대학 가기 전 처음 일을 해본다고 했다.

   주유소에 기름 종류는 휘발유, 경유, 등유 이렇게 세 가지다. 일반 승용차는 휘발유, 수입차와 좀 커다란 차는 경유, 난로에 넣을 통을 들고 오는 사람은 등유. 요거만 구분하면 되는데 나는 그 구분이 처음에 어려웠다. 운전하는 손님에게 "휘발유 가득이요?" 하면 대답에 따라 유종을 선택하면 된다.

어느 날 승합차 한 대가 들어왔다. 차에는 사람들이 많아서 운전자는 차 문을 잠깐 열고 가득 넣어달라고 했다.

"휘발유 가득이요?"

"네."

손님은 분명 그렇게 말했다. 나는 아무 의심 없이 휘발유를 가득 넣고 7만 원이라고 했다. 그랬더니 운전자가 이 차는 그렇게 많이 들어가는 차가 아니라고 문을 열고 나왔다. 도대체 뭘 넣은 거냐고 무섭게 소리를 지르는 게 아닌가? 난 운전자분이 휘발유 가득 넣으라고 해서 넣었을 뿐인데 뭐가 잘못된 거냐고 오히려 되물었다. 그랬더니 자기 차는 경유 찬데 휘발유를 넣으면 어떡하냐고 화를 내며 소장을 찾았다. 뭔가 잘못된 게 틀림없다. 분명히 하라는 대로 했는데 내가 뭘 잘못 들었는지, 그가 잘못 말했는지. 실수였다. 아니 사고였다.

소장님은 손님에게 사과하고 직원들과 차를 질질 끌며 공업사에 가셨다. 남은 직원들은 나한테 도대체 아직도 기름 구분을 못 하면 어떡하냐고 핀잔을 줬다.

"자동차 한 대값을 물어내야 하는데 너 얼마나 있냐?"

라며 놀렸다. '돈 있으면 내가 여기서 일하겠니?' 속으로 말이 맴돌았다.

"너는 이제 큰일이다. 평생 여기서 노예처럼 돈도 못 받고 일만 해야 하는데 어쩌냐."

라고 하면서 겁을 줬다. 지금은 믿지 않을 말을 그때는 곧이곧대로 믿었다. 돈 걱정에 눈물부터 났다. 소장님이 돌아올 때까지 울고만 있었다. 아저씨들이 말한 대로 진짜로 평생 주유소에서 노예처럼 일만 해야 하는 건 아닌지 두려웠다.

가슴을 졸이고 있는데 소장님이 나타나셨다. 소장님은 화도 내지 않고 오히려 우는 나를 토닥이며

"앞으로 조심해라."

이 말뿐이었다. 그는 대인배, 천사였다. 아니 더 좋은 단어가 있으면 자상한 소장님한테 다 드리고 싶다. 알고 보니 찻값을 물어야 한다는 것은 직원들이 놀린 거였다. 나보고 바보 아니냐며 낄낄거리며 웃고 난리다. 우는 날 보며 더 신나 했을 놈들이다.

그걸 멀리서 지켜보던 아이가 있었다. 그 아이는 우는 내가 이뻐 보였단다. 어쩌다 보니 우리는 같은 주유소에서 아르바이트했고 어쩌다 보니 같은 대학에 합격하게 되었다. 어쩌다 보니.

어느 날부터 추운 겨울이 이상하게 춥지 않았다. 그 아이 집과 우리 집이 같은 방향도 아닌데 항상 같이 걸어서 퇴근했다. 그 아이는 자전거를 타고 출근했다가 집에 갈 때는 우리 집 앞까지 자전거를 끌고 같이 걸었다.

손님이 주유하고 남은 3천 원을 팁으로 준 적이 있었다. 귤을 사서 직원들이랑 나눠 먹고 남는 걸 집에 걸어가면서 먹자고 했다. 그 아이는 자전거를 끌고 가야 하기에 내가 귤을 까서 입에 넣어줬다. 귤은 차가웠

고 입술은 따뜻했다. 순간 흠칫했다. 이 묘한 감정이 뭐지? 전기가 통한다는 게 이런 건가? 처음으로 이성에게 찌릿한 감정을 느끼는 순간이었다. 그날부터 그 아이는 매일 나와 함께 했다.

이 결혼 무효야

이 남자는 종일 내 옆에 있었다. 각자 수업 시간 잠깐 떨어져 있는 것을 빼고는 거의 껌딱지처럼 붙어 다녔다. 친구들은 우리를 '캠퍼스 커플'이라고 했지만 나는 그냥 한동네 사는 남자친구, 아니 남자 사람 동생이라 소개했다. 그때만 해도 연상연하 커플이 흔치 않았다. 연상녀라고 남들은 아무도 뭐라 하지 않는데도 그냥 부끄러웠다. 그러면서도 모르는 사람이 없을 정도로 붙어 다녔다.

여중, 여고를 나와서 다양한 사람, 아니 다양한 남자를 만나고 싶었다. 태권도 동아리에 남자가 많다고 해서 등록했다. 그걸 눈치챈 이 남자가 나만큼 자주 동아리에 들락거렸다. 하지만 남자보다 나같이 사심 많은 여자가 더 많이 등록했다는 사실에 실망, 대실망했었다.

동아리 사람들이랑 여행을 가는데 그도 따라왔다. 춘천까지 기차 타고 가는 동안 무거운 짐을 들고 그는 내 옆에서 보디가드처럼 붙어 다녔다. 캠핑 장비도 변변하지 않았지만 우린 준비해 간 텐트와 자리를 마련하느라 각자 분주했다. 나를 공주처럼 대하는 이 남자 때문에, 눈치가 보였지만 그래도 열심히 챙기는 그가 있어서 든든했다.

텐트를 치고 안에서 짐을 정리하는데 어디선가 빛이 뿜어져 나왔다. 분명히 맨날 보던 얼굴인데 얼굴이 달라 보였다. 정우성, 장동건, 원빈 오빠들보다 더한 아우라가 뿜어져 나왔다. 순간 종소리가 울리는 거 같았다. 입을 벌리고 그저 연예인 보듯 와~ 하는 감탄사를 날렸다. 이런 거구나. 누군가 좋아하면 얼굴이 빛나 보인다고 하더니, 책과 드라마에서 말로만 들었는데 나에게도 이런 날이 오다니.
"사랑해 자기야!"
갑작스러운 내 고백에 남자친구는 어쩔 줄 몰라 했다. 동아리 MT였는데 다른 사람들이 눈에 보이지 않았다. 세상은 갑자기 하얗게 변했고 내 눈에는 그 남자만 보였다. 그날이 우리의 1일이었다.

대학 등록금을 벌기 위해 나는 쉬지 않고 아르바이트해야 했다. 남자친구는 매달 부모님이 주는 용돈을 받았다. 여자 친구가 매일 일을 해야 하니까 자기가 도와주겠다고 했다. 같이 길에서 어묵 장사를 하자고 했다. 지금 생각해도 무모했다. 손수레를 빌리고 커다란 곰솥에 휴대용 버너 하나만 들고 시작한 길거리 장사다. 추운 겨울 길에서 대학생 두 명이 어묵 장사를 한다고 손수레를 끌고 다닌 것이다.

처음에 멋모르고 자리 잡은 곳은 잠실 시장 근처 길가였다. 자리를 폈더니 주변 노점상 어른들이 이곳은 임자가 있다는 것이다. 자기들이 자리 맡아서 몇 년째 하는 곳이라며 소리 지르며 쫓아냈다. 길거리 장사에도 상도덕이 있다는 것을 그때 알았다. 상권이 없는 곳을 찾아서 이리저리 떠돌아다녔다. 그러다 겨우 찾은 시장 끝 길가에 자리를 잡았다. 다행히 방해하는 사람이 없었다. 학원이 있는 건물 앞이었다. 학원 끝나고 나오는 아이들이 주 고객이었다. 지나가는 사람들도 어린 학생들이 파는 어묵에 한번 눈길을 주고는 포장도 해서 갔다. 처음 하는 장사는 기대 이상이었다. 2개월 겨울방학 동안 한 학기 등록금을 벌었다. 어묵을 고르는 안목도 그때 생겼다. 수지타산에 맞게 저렴한 어묵을 썼더라면 아마도 더 벌었을 텐데 그땐 그런 계산도 할 줄 몰랐다. 다른 가게보다 비싸고 좋은 어묵을 사서 싸게 팔았으니, 손님이 넘쳐날 수밖에 없지. 그래도 옆에 든든한 남자친구가 있어서 해낼 수 있었다. 혼자는 못 할 일, 둘이라서 해낸 일이다.

남자친구가 군대 간 시절 제외하고는 거의 같이 지냈다. 한 동네 살았으니 언제나 같이했다. 졸업하고 나는 직장인으로 남자친구는 학생으로 각자의 시간을 보내야 했다. 남자친구는 볼수록 진국이었다. 한결같았고 친절했다. 9년을 넘게 봤는데 변함이 없다면 결혼해서도 변함이 없을 거란 믿음이 생겼다.

우리 집과 달리 남자친구의 부모님은 인자하고 우아하고 자상하기까지 했다. 남편감으로 이보다 좋은 남자는 없었다. 나는 다시 태어나고 싶었다. 우리 엄마 아빠가 아닌 다른 부모님이랑 새롭게 태어나서 잘 지내고 싶었다. 남자친구가 대학 졸업하자마자 5월에 결혼했다. 어머니가 작은 아파트를 신혼집으로 마련해주셨다. 물론 반은 대출이지만 둘 다 벌고 있으니 갚는 건 문제가 되질 않았다. 이제 행복해질 일만 남았다.

그런데 집안 분위기가 좀 이상했다. 우리 결혼과 시부모님 이혼이 동시에 이뤄지고 있었던 것이었다. 나한테는 부모님이 사이가 안 좋아서 자주 다투신다고 했는데 그런 일은 어느 집이나 있다고 생각했기에 대수롭지 않았다. 결혼해서 애교 많은 며느리로 산다면 가정의 평화까지는 아니어도 어느 정도 극복이 되지 않을까 하는 생각도 했었다. 그러나 결혼하고 얼마 지나지 않아서 두 분은 이혼하셨고, 어머니는 혼자가 되셨다. 아버님은 어머니를 두고 다른 사람에게 가셨다. 이때 어머님과 남편은 배신감과 허탈함에 한동안 아버님을 입에 올리지 못했다. 옆에서 말도 걸 수 없었다.

문제는 나였다. 나는 어쩌란 말인가? 하도 기가 차서 말도 안 나왔다. 나는 결혼으로 인생을 다시 살고 싶었는데 이건 계획에도 없는 일이었다. 결혼 전에 봤을 때는 시부모님이 우리 부모님보다 사이가 좋아 보였다. 분명 그렇게 보였다. 결혼해서 남편이랑 시부모님과 알콩달콩 화목한 가정을 꾸미고 싶었는데.

"이 결혼 무효야!"

도로 무를 수도 없는 결혼. 결국 반쪽짜리 시댁으로 나의 결혼 생활은 시작되었다. 그때는 내 아쉬움에 눈이 멀어 아버지를 잃은 남편의 마음을 헤아릴 줄 모르는 철부지 아내였다.

어머님의 선물

반쪽짜리 시댁이 꼭 나쁜 것만은 아니었다. 좋은 점도 있다는 걸 나중에 알게 되었다. 결혼하고 첫 추석 명절에 부산에 있는 시할머니댁에 가는데 서울에서 부산까지 차로 13시간이 걸렸다. 차에는 어머님, 아버님, 남편과 나, 거기에 작은아버지까지 5명이 타고 가야 했다. 갓 시집온 새댁이 낯선 시댁 사람들과 좁은 차에서 다리를 붙이고 앉아서 오랜 시간 가기엔 불편한 게 한두 개가 아니었다. 어색하고 힘든데 내색도 어려웠다. 시아버님과 남편이 교대로 운전하셨다. 두 분이 앞에 앉고 나머지 3명은 뒷좌석에 앉았다. 가는 내내 내 옆에는 어머니가 앉아 있었다. 새댁을 배려한다고 어머니는 자동차 뒷좌석 가운데만 앉으셨으니 얼마나 불편하셨을까? 지금 생각해도 어머니한테 죄송스럽다.

할머니는 내려가는 동안 언제 오냐며 재촉 전화를 수없이 하셨다. 보고픈 자식이 걱정돼서 하는 전화가 아니었다. 며느리가 제사음식 해야 하는데, 왜 이리 늦게 오냐고 성화하셨다. 멀리서 오는 자식들 걱정보단 음식 장만이 더 중한 분이셨다. 아무도 섭섭함을 입 밖으로 내뱉을 수 없었다. 그저 죄송하다는 말과 어서 가겠다는 말만 하는 수밖에.

길이 막혀도 이렇게 막히는 건 생전 처음이라 운전자도 나머지 사람들도 괴롭기는 마찬가지였다. 아무리 빨리 가고 싶어도 갈 수가 없는데 빨리 오라는 역정에 지쳐만 갔다. 네비게이션이 있지도 않았던 때라 도착 시간을 알려드릴 수 없기에 그저 가고 있다고 말씀드리는 것이 전부였다. 각자 속으로 내뱉는 한숨 소리가 다 느껴질 만큼 답답하고 민망했다. 운전하는 사람도 뒤에 앉아가는 사람도 13시간은 초 죽음이긴 마찬가지였다. 명절 때마다 이 짓을 해야 한다고 생각하니 끔찍했다.

어렵게 내려간 시할머님이 계신 곳은 부산의 작은 아파트였다. 서울서 내려간 5명에 시할아버님, 할머님 이렇게 7명이 명절을 보내야 한단다. 여독을 풀기도 전에 음식 장만을 하시는 어머님 따라 나도 같이 옆에서 거들었다. 어머니는 쉬라고 하는데 쉴 곳도 마땅히 없었다. 그저 어머니 옆에 있는 게 더 마음이 편했다.

잠자리도 불편한 건 마찬가지였다. 방 두 개에 시댁 식구가 한데 자니 불편하기가 이루 말할 수 없었다. 새댁이라 말도 못 하고 그저 따라 해야만 했다. 다음 날 새벽 일찍 차례를 지내고 성묘하러 가는데 시집살이가 이런 거구나 하는 생각이 들었다. 며느리들이 일은 다 하고 제사상 앞에 나서지도 못하고 안 보이는 방 안에 들어가 있어야 하는 것. 시할머니가 시키는 것만 하면 되는 것이 시집살이란다.

그런 힘든 경험이 처음이자 마지막이 되었다. 아버님과의 이혼으로 어머니는 더 이상 고된 시집살이를 하지 않아도 된다.
"이제 나도 명절에 부산 시댁에 안 가도 되니 좋다."
좋다고 말하는 어머니는 씁쓸해 보이셨다. 명절에 제사도 없고 귀성길도 가지 않는 우리 식구는 사람 없는 놀이동산이나 공원에 간다. 한가로운 시간을 보내기에 이보다 좋은 곳이 없었다. 명절 당일은 식당 문을 닫는 곳이 많아서 식구들 먹을 음식만 한다. 명절에 소풍 준비를 하는 우리 집이다. 미사리 조정경기장은 추석에 우리 식구 단골로 가는 공원이다. 돗자리 펴고 나무 그늘에 누워서 하늘을 본다. 아이들은 아빠랑 축구도 하고 야구도 한다. 자전거도 타고 킥보드도 탄다. 명절은 우리 가족에게는 완벽하게 쉬는 날이다.

어머니는 당신 때문에 아이들이 명절다운 명절을 못 보낸다고 항상 미안해하신다.
"어머니 무슨 말씀이세요. 어머니 잘못도 아닌데 미안해 마셔요."
귀성길 오가는 번거로움도 없고, 제사도 없다. 가족이 먹을 음식을 준비해서 이번 명절엔 어디로 소풍을 갈까? 간만에 야유회를 가는 기분이다. 특히 추석엔 날씨도 좋아서 공원에서 뒹굴거리며 놀기도 하고 게으른 낮잠도 자고 온다. 이런 한가한 우리 집을 가끔 부러워하는 며느리들이 있다. 그런데도 어머니는 자식들에게 미안해하시다니.

"어머니, 절대 그런 생각 하지 마시옵소서."

남편도 시댁 일은 참여하지 않는다. 아버님과는 명절과 어버이날만 연락하는 사이가 되었다. 시아버님도 강요하지 않고 강요한다고 한들 갈 생각이 전혀 없는 남편이다. 우리 부부는 어머니에게 더 잘하자고 했다. 아버님 어머님에게 할 효도를 어머님에게 몰아서 다 해드리자고 했다. 외롭지 않게 자주 뵙는 것이 우리의 도리라고 말이다.

어느 날 결혼하고도 한참 지나서 집을 사주신 어머니에게 돈이 어디서 났냐고 여쭤본 적이 있다. 어머님은 아버님이랑 이혼하시기 전부터 돈을 챙겨야겠다고 생각하셨단다. 잠실에 살던 큰집을 정리하시면서 작은 집으로 이사하고 남은 돈을 챙기셨다고 한다. 아버님은 젊은 신혼부부가 시작은 월세부터 하면 되지 집을 뭐 하러 사냐고 했단다. 어머니가 아들 신혼집은 절대로 월세는 안 된다고 우겨서 챙긴 거라고 하셨다. 어머니가 아버님에게 받은 위자료였다. 어머님이 평생 아끼고 모아서 어렵게 산 집을 줄여서 아들에게 결혼선물 주신 것도 모르고 살 뻔했다. 우린 어머니 피땀을 받아서 시작한 것이다. 남들보다 잘 살아야 했다. 어머니 생각해서라도 더 행복해야 한다.

첫 아이가 찾아온 그날 밤

결혼하고선 남편과 나는 연애할 때 보다 더 잘 놀았다. 소꿉놀이하던 어린 시절로 돌아간 거 같았다. 출근해서 퇴근할 때까지 비워둔 집이 그립고, 남편이 보고 싶었다. 9년 동안 지겹게 사귀다 결혼했는데 신혼은 연애보다 달콤했다.

오래된 아파트 17평 작은 신혼집은 깨끗했고, 둘이 살기엔 아늑했다. 친구 좋아하고 사람 만나는 거 좋아하는 부부에겐 집이 아지트였다. 서로의 친구가 집에 와도 싫어하지 않았고 오히려 같이 어울려 놀았다. 결혼 전엔 집에 친구들 한 번 초대하지 못했는데, 우리의 신혼집에 친구들도 마치 펜션에 놀러 오듯 편하게 다녀갔다.

결혼하고 알콩달콩한 삶에 빠져 살다 보니 아이 없이 사는 것도 좋을 것만 같았다. 내가 하는 일이 아이를 가르치는 일이지만, 내 자식을 챙기고 가르칠 자신이 없었다. 아니 둘만으로도 충분하게 행복했다. 평소에 남편도 아이를 그다지 좋아하지 않았기에 둘만 살자고 했다.

매일 밤 아파트 복도에서 킥보드 탔다. 10호까지 있는 복도식 아파트라 킥보드나 인라인스케이트 타기에 딱 좋았다. 바닥도 매끄럽고 넓어서 바퀴 굴리기에는 최적의 장소다. 낮에는 민망해서 타지 못하고 밤이 되면 복도에서 씽씽 달렸다. 바퀴가 굴러가면 불이 번쩍번쩍 빛났다. 어두운 복도에서 나이트에서나 볼 사이키 조명을 받아 달렸다. 우리 사이에 누가 꺼드는 게 힘들 만큼 매일 즐거웠다. 결혼이 이렇게 좋은데 진작에 할 걸 하는 생각이 들었다.

2002년 월드컵, 대한민국은 들썩거렸다. 경기 때마다 빨간 티셔츠를 입고 응원했다. 대한민국 경기가 있는 날에는 자진해서 수업을 미루는 회원도 많았다. 다 같이 응원하고 끝나면 뒤풀이하느라 모두 들떠 있었다. 마치 행복해지는 약을 단체로 먹은 것 같은 기분이었다. 평소 축구에 관심조차 없는 사람들마저도. 그런 사람들이 모두 축구에 빠져서 응원하는 게 신기했다. 그 당시 월드컵 축구선수가 연예인보다 더 인기가 많았다. 히딩크의 리더십에 우리는 '히동구'라는 한국식 이름을 붙여주었고 박지성은 일약 스타덤에 올랐던 때다.

경기 때마다 회사에서 친한 사람들이 모여서 응원했다. 호프집에서도 하고, 커다란 공원에서도 했다. 치킨집마다 자리가 없었다. 축구를 위해 대형 TV가 잘 팔리는 시절이었다.

폴란드전은 대한민국 모든 국민에게 희망을 준 경기였다. 2002년 6월

4일 화요일 저녁 8시 반. 두 시간 동안 잠시도 가만히 있지 못하고 발을 동동거렸다. 우리 집에 모인 사람들은 혹시 우리나라도 월드컵에서 첫 승을 하지 않을까 하는 마음에 아무도 자리를 뜨지 못했다. 황선홍과 유상철의 골로 월드컵 역사상 첫 승을 한 경기다. 2:0으로 이기다니. 첫 골도 황홀한데 두 골이나 넣은 선수들이 어찌나 멋지던지 동네가 떠나가라 함성을 질렀다. 아파트 전체가 들썩거렸다. 축구가 끝나고 나서도 한동안 동네가 시끄러웠다. 나팔을 불고 자동차 경적을 누르는 사람도 있었다. 아무도 시끄럽다고 고함치지 않는 밤이었다. 늦은 시간 손님들이 다 돌아가고 집안을 치우면서도 우리 부부는 흥분이 가라앉지 않았다.

그날 밤 우린 둘이 아니어도 좋겠다고 생각했다. 신혼생활 1년은 꿀같이 달콤했지만, 서로를 닮은 아이가 있다면 좀 더 행복할 수도 있겠다고 말이다. 우리의 바람은 현실이 되었다.

태명은 '폴란이'였다. 폴란드전의 승리가 어쩌면 우리 부부와 아이에게 희망이 될 수도 있다고 생각했다. 2003년 3월 우리 큰아들 겸이 태어났다. 그해 태어난 아이 중 3월에 태어난 아이들이 유독 많았다. 우리처럼 흥분이 가라앉지 않았던 집이 많았던가 보다.

아이의 탄생으로 우리는 행복에도 종류가 있다는 걸 알았다. 둘에서 셋이 된 행복은 들뜸보다 차분한 책임감이 따르는 행복이었다. 세상을 더 좋게 만들고 싶었다. 내 아이가 살아갈 세상이 좀 더 아름다웠으면 좋겠다고 말이다. 이 땅의 부모님들이 열심히 산 이유를 조금은 알 것만 같았다. 아이를 낳고 우린 어른이 되어갔다.

밥벌이에 미치다

　우연히 들어간 회사에 28년째 다니고 있다. IMF에 학습지 회사로 몰린 사람이 많았다. 같이 입사한 동기가 5명이었다. 나중에 들어보니 선배들이 우리를 두고 내기를 했다고 한다. 누가 가장 먼저 그만두고 나갈지에 대한 내기였단다. 5명 중 내가 가장 먼저 나갈 거라고 예상했다고 들었다. 하지만 난 지금껏 다니고 있다. 그때 총명하다고 이쁨받던 동기 3명이 1년 안에 그만두었다. 적성이 맞지 않아서, 아이가 이쁘지 않아서, 일이 힘들어서. 이유도 가지가지였다. 내 단짝 동기는 3년 정도 다니다가 결혼하면서 일을 그만뒀다. 나만 남았다.

　선배들은 자신들의 안목 없음에 민망해했고, 나의 지구력과 지치지 않는 멘탈과 체력에 놀라워했다. 무엇보다 난 아이들 가르치는 일이 신났다. 아이들은 나를 따랐고 어머니들은 극진히 대접해 주셨다. 가끔은 영업도 해야 했는데, 따로 노력하지 않아도 저절로 회원이 늘었다. 친구를 소개해 주는 어머니들이 줄을 섰고 입소문은 발이 달린 듯 퍼져나갔다.

대학 다니면서 했던 수많은 아르바이트가 도움이 되었다. 그중 가장 큰 이득은 그 어떤 일보다 학습지 일이 수월하다는 생각을 갖게 한 것이다. 신문 배달, 설문조사, 어묵 장사, 요리학원 조교, 교수님 실험 조교, 주유소 알바, 식당 서빙, 커피숍 알바, 당면공장 잡일, 시장조사.

특히 신문 배달은 새벽잠 많은 나에겐 너무나 힘든 일이었다. 비록 3개월만 했지만, 새벽에 일어나는 사람이 많다는 것을 알았고 각종 신문을 공짜로 볼 수 있었던 것도 공부였다. 어묵 장사하면서 어묵 고르는 안목과 국물 맛 내는 거 하나는 자신 있게 할 수 있다. 요리학원 조교로 일하면서 한식 조리사 자격증을 땄다. 그곳에서 만난 식품영양학과 학생들 보면서 대학생에 대한 꿈을 키웠고, 공부도 시작할 용기가 생겼다. 당면공장은 또 어떤가? 고등학교 나와서 대학 못 간 딸을 엄마가 당면공장에 보냈다고 몇십 년 동안 서운한 마음이 가시질 않았었다. 엄마한테 버림받았다고 생각했지만, 공장에서 일하는 짧은 시간 동안 인생을 어떻게 살아가야 할지 고민하는 시간을 보냈다. 그 시간도 지나고 보니 모두 쓸모가 있는 날이었다.

그땐 보잘것없고 하찮아 보였던 일들이 어느 것 하나 버릴 게 없었다. 그 모든 일이 나도 모르게 조금씩 나를 키우고 있었다. 세상에 공짜는 없다. 배움이 느린 나는 몸으로 세상을 배워야 아는 체질인가 보다.

힘들게 일했던 지난 일들을 하고 나니 지금 다니는 회사 일이 쉽고 신날 수밖에. 수업 가는 집마다 환영해 주고, 아이들과 어머니들은 미리 수업 준비하고 선생님을 기다린다. 비록 일주일에 한 번 짧은 만남이지만, 극진함은 학교, 학원 선생님에 비할 바가 아니다. 선생님이라는 단어가 이다지도 설레는 단어인지는 그전엔 몰랐다. 책임감도 느낀다. 아이 하나하나를 존중하고 성의 있게 가르친다. 서로가 대접하니 이보다 더 즐겁지 아니한가?

28년이면 강산이 몇 번은 더 바뀌었을 시간이다. 여전히 아침이면 내 자리로 출근한다. 물론 그만두고 싶을 때도 많았다. 28년 다니면서 그만둘 위기가 없었다면 거짓말이겠지.

그동안 포지션도 많이 바뀌었다. 지금은 아이들뿐만 아니라 선생님도 가르치는 지국장이 되었지만, 난 여전히 내가 가르치는 아이들을 좋아한다. 진심으로 이뻐하고 아이들을 믿어준다. 아이들은 선생님이 자기를 이뻐하는 것을 안다. 아이는 믿어주는 사람이 있어 더 열심히 공부한다. 그렇게 공부한 아이는 배운 것을 다 자기 것으로 만든다. 그런 아이를 볼 때, 그런 아이로 만드는 선생님을 볼 때 보람을 느낀다. 힘이 들고 지칠 때도 선생님들이 일을 잘 해내는 기특한 모습을 보면서 기운을 낸다. 아이들과 선생님이 나를 키우고 있다.

앞으로 내가 이 일을 얼마나 할 수 있을지 모르겠다. 10년도 안 남은 정년까지 다니게 될지, 아니면 중간에 그만둘지는 모른다. (사람 일은 아무도 모르는 거니까) 누군가를 가르치고 챙기는 일이 힘들지 않다. 오히려 즐기는 편이다. 물론 한번 말해서 알아듣는 사람도 있고, 7번씩 70번 말해야 하는 사람도 있다. 듣는 사람의 이해도가 다름을 인정해야 한다. 사람마다 자기에게 주어진 달란트가 있다. 그 달란트만큼 실력을 발휘하도록 끌어주는 것 역시 리더의 몫이다. 일상에서 즐거움을 찾아야 해서 나도 모르게 몸에 밴 것 같다. 평생 한 밥벌이가 즐거운 일이 된 건지, 즐거워서 계속하게 된 건지는 모르겠지만 말이다. 오늘도 나는 즐거운 밥벌이를 위해 출근한다.

이 남자의 야망

남편은 대학 졸업하고 전공 관련된 일을 했다. 재건축 컨설팅 일을 하면서 험한 일, 궂은일 신입이 할 수 있는 일은 자기가 다 도맡아 했다. 싹싹하고 꼼꼼한 사람이라 선배들이 유독 이뻐했다. 회식도 자주 했고, 집으로 손님도 자주 불러와서 술상을 차리게 했다. 일하다 보면 회식도 하고 사람도 자주 만나는 게 일이기에 까탈은 부릴 수 없었다. 잔소리도 거의 하지 않았다. 사실 내 일만 하기도 바빠서 그럴 겨를이 없었다.

아이가 생기고 나니 남편은 생각이 많아졌다. 월급쟁이 생활로는 처자식 먹여 살리기 어렵다고 생각했는지 사업을 하겠다고 했다. 들어보지도 않고 무조건 말렸다. 뭘 할지 모르지만, 사업하기에 경험도 돈도 부족했다. 사업이 어디 쉬운 일인가? 사업이라면 이미 아버지가 망한 것을 여러 번 봐서 위험한 것이라고 각인되어 있었다. 아이 낳아 기르며 행복했다. 둘이 벌면 사업은 안 해도 되지 않냐며 말렸다. 하지만 남편은 끝내 미련을 버리지 못했다. 월급쟁이의 소소한 기쁨도 있지만 항상 목말랐던 일을 하고 싶다고 했다.

자동차 광택 전문점을 하겠단다. 차에 관심이 많던 남편은 퇴사하고 조금 받은 퇴직금을 모두 학원비와 가맹비로 다 썼다. 요즘 사람들이 차에 광택을 내는 게 유행이라고 했다. 다니던 회사 앞 광택 전문점에 차들이 항상 줄지어 있던 것을 보고 하는 소리다. 학원 다니고 가맹비를 내고 가게를 얻어 인테리어를 마치기까지 채 3개월이 걸리지 않았다.

사업하기엔 준비시간이 짧다고 여겼지만, 하루빨리 자리 잡아서 돈을 벌고 싶은지 무리하는 게 보였다. 자동차 광택을 따로 연습도 안 하고 학원에서 배운다고 되는 건가? 싶기도 했다. 다른 자동차 광택 매장에서 몇 달이라도 조수로 일하면서 배우다 시작해도 되는 일 아닐까? 하는 불안감을 떨칠 수가 없었다. 하지만 달리는 차를 막을 수 없었다. 가맹사업부에서 다 도와주고 약품도 다 제공한다고 걱정하지 말라고 한다.

가게 개업하면서 교회에서 목사님이 오셔서 예배도 드리고, 손님들도 많이 와서 축하해 주셨다. 하지만 개업식에 왔던 손님 중에 자기 차를 맡긴 사람은 단 한 명도 없었다. 광택의 필요성을 못 느끼는 사람과 신입 사장에게 비싼 차를 맡기기엔 믿음이 부족했을 사람들이었다. 그들에게 섭섭한 마음도 없다. 나라도 그랬을 테니까.

매장을 열고 한동안 남편은 밖에서 가게 홍보도 하고, 가족들 차를 시작으로 광택을 내면서 손님을 기다렸다. 어쩌다 손님이 오면 다른 가게보다 손이 꼼꼼하고 세심해서 오래 걸리지만 만족도는 높았다. 주변에 소개가 가끔 있었지만 혼자 일하다 보니 여러 대를 맡아서 일하기엔 역부족이었다. 그리고 가맹 본점에서 납품하는 약은 일반 시중에 나와 있는 것보다 비싸서 마진이 얼마 안 남았다. 프렌차이즈가 다 그런지 모르겠지만 가맹 본점만 돈을 버는 시스템인 듯 보였다.

매달 돈을 벌어도 가게 월세 내기에도 빠듯했다. 생활비를 집에 가져올 수 없었다. 은행 대출이자도 내야 했다. 사업하고 처음엔 다들 고생한다고 하니 참고 기다리면 언젠가는 우리도 옛이야기 할 날이 있을 거라고 버텼다. 시간이 지나면 단골도 생기고 돈도 벌 수 있을 거라며 버티고 버텼다.

남편한테는 내가 벌면 되니 걱정하지 말라고 했는데, 한해 한해 갈수록 사람이 점점 야위어 갔다. 손님 없이 가게에 혼자 오도카니 앉아 있는 모습을 차마 볼 수가 없어서 모른 척 지나간 적도 많았다. 사람 좋은 척하는 건물주는 월세를 하루라도 늦게 내면 불호령과 망신을 주는 사람이었다. 인상 좋은 할아버지라고 생각했는데 고약한 스쿠루지 영감이었다. 매달 은행 이자보다 우선순위가 가게 월세였다.

3년이다. 그 정도면 되었다고 생각했는지 남편은 미련 없이 정리한다고 했다. 나도 더는 버티기 어려워 말도 못 했는데 알아서 그만둔다고 하니 고마웠다. 고생한 남편이 기특하고 짠해서 안아줬다. 다시 시작하면 된다. 우린 아직 젊고, 아이들과 어머니가 계시는데 무슨 걱정이냐며 서로를 위로했다.

그런데 사업한다고 보낸 3년 사이 은행에 빌린 돈이 1억으로 늘어나 있었다. 집에 돈은 안 가져와도 가겟세는 내는 줄 알았는데 그게 아니었다. 주택담보대출을 추가로 받아서 부족한 월세를 내고 있었던 것이었다. 남들은 비싼 수업료 냈다고 생각하면 1억 별거 아니라고 했다. 없는 형편에 앞이 깜깜했다. 남편이 새로운 일을 찾을 때까지 내가 계속 벌었지만, 대출이자까지 감당하기는 버거웠다. 허리띠 졸라매고 살았는데도 빚은 좀체 갚아지지 않았다.

1억, 내 손으로 만져본 적도 없는 큰돈이다. 어머니는 우리 사정 뻔히 아신다며 매달 생활비로 50만 원을 보태주셨다. 어머니는 바쁜 아들, 며느리를 대신해서 애들도 봐주시고, 살림살이도 해주시고, 아침 일찍 출근해서 일도 하시는데 죄송했다. 어머니한테 용돈도 못 드리는데 오히려 받아야 하는 신세라니 한심했다. 죄송했지만 감사히 받아서 생활했다. 워낙 알뜰하신 어머니시다. 어머니가 계셔서 살림살이를 더 아끼는 법을 배웠고 덕분에 살 수 있었다. 나 혼자는 감당 못 할 일이었다.

그동안 남편은 직장을 두 번이나 옮겼다. 전에 하던 일과는 전혀 다른 일이다. 시험도 봐야 하고 계속 공부해야 하는 일이라 옆에서 보기 안쓰러웠다. 하지만 평생직업이 될 수 있는 일이기에 게으름 한 번 피우지 않고 열심히 하는 남편에게 감사했다. 세월은 흐르고 우리 집에도 평안이 찾아왔다. '젊어 고생은 사서라도 한다'더니, 그 고생 덕분에 안정된 삶을 살 수 있게 된 것 같다. 힘듦이 힘듦으로만 끝나지 않는 게 세상사 진리인가 보다. 다시 시작이다.

모두 제자리

　남편의 새로운 일자리는 적성에 맞는다고 했다. 비록 영업일이지만 밭품 파는 게 힘들지 않다고 했다. 가장은 일에 적성을 따지면 안 된다고 하는 말이 어쩐지 씁쓸했다. 그동안 돈 못 번 거 다 벌어다 준다고 한다. 맘고생 하며 지낸 시간 동안 돈을 잃은 것만큼 얻은 게 있나 보다. 인생 쓴맛을 봐도 단단히 본 모양이다.

　자세가 달라졌다. 전문적인 일을 하니 사람이 달라 보였다. 일하고 공부하느라 아침부터 밤까지 바쁘다. 보험사에 강의도 다니게 되면서 발표 준비도 도맡아 한다. 매일 새로운 사람을 만나고 상담하고 계약하는 일이 어렵지 않단다. 광택 일하면서 새로 알게 된 지인들을 상대로 시작하는데, 도움이 되었다. 그곳에서 돈보다 값진 사람을 얻은 것이 감사하다.

남편이 자리를 잡았으니 우선 빚부터 갚아야 했다. 1억은 대출이자랑 원금을 갚는 조건으로 해서 매달 갚아나갔다. 혼자 벌다가 둘이 버니 가능했다. 내 월급은 생활비와 세금과 보험금과 적금을 들었다. 남편 월급은 카드값과 대출금을 갚았다. 대출 원금이 줄어드는 기쁨에 목돈이 생기면 빚부터 갚아나갔다. 사치하지 않고 검소한 생활을 이어갔다. 아이들도 구립어린이집에 다녀서 돈도 별로 들지 않았다. 학교 돌봄교실도 첫 번째 시범 학교라 비용도 얼마 들지 않았다. 알뜰살뜰 살면 된다던 어머니 말씀이 맞았다. 아이들 더 커서 돈 많이 들어가기 전 돈을 다 갚겠다는 목표로 살았다.

그 사이 어머니는 회사 정년을 채우고 퇴직하셔서 집에서 아이들을 돌봐주셨다. 집에만 있으면 심심하다고 어머니는 바리스타 자격증을 따 어르신들 일하는 카페에 취직하셨다. 비록 월급이 많진 않지만, 연금 받고 용돈도 된다며 좋아하셨다. 어머니가 내려주는 커피 맛은 기가 막힌다. 카페에 어르신들이 직접 만들어 파는 레몬청, 생강청은 맛도 좋고 무엇보다 가성비가 좋아서 인기가 많다.

어르신들은 잠깐이지만 일도 하고, 용돈도 벌고, 여유로운 삶을 사는 것 같다. 매일 돌아가며 하루 서너 시간 일하시는데 보람이 많으시단다. 당신들이 직접 번 돈으로 손주들 용돈도 줄 수 있으니 기쁘다고 하신다. 어르신들이 만드는 샌드위치는 아이들에게 인기 만점이다. 할머니가 일하는 날엔 꼭 먹는 특별 간식이다. 어머니는 카페에서 직접 만든 샌드위치도 돈을 내고 가져오신다. 그 재미로 일하신다니 활력이 넘쳐서 보기 좋았다.

    남편도 자리를 잡았고 어머니도 카페를 다니시면서 우리는 안정을 되찾았다. 남편이 일하면서 드디어 어머니 용돈을 드릴 수 있게 되었다. 많이는 못 드리는데도 어머니는 항상 고맙다는 말씀을 잊지 않으셨다. 민망하고 감사한 사랑하는 어머니.

    나도 인생 2막이 필요했다. 다른 일을 할까도 생각했지만, 하던 일이 애들 가르치는 일이었으니 관리자가 되어 보자고 결심했다. 관리자는 선생님과 아이들을 점검하고, 그들을 책임지는 사람이다. 사무실 살림살이와 운영에 대한 전반적인 일을 해야 한다. 같은 회사, 같은 사무실이지만 하는 일이 전혀 다르다. 물론 관리자 면접과 시험을 세 번 만에 겨우 붙었지만, 이제야 인생 2막을 시작한다.

    자리가 사람을 만든다고 한다. 나를 관리자 스타일이 아니라고 했던 선배 지국장들은 놀란다. 얼마 못하고 그만두고 나갈 거라고 자기들끼리 말했다고 한다. 진짜 나랑 같이 면접 봤던 조직장들이 거의 그만뒀으니 그런 말이 나올만하다. 나는 보란 듯이 남아서 일을 잘 해내고 싶었다. 물론 실적을 최고로 잘 내면 좋겠지만, 길게 가고 싶었다. 하는 일을 즐기고 싶었다. 그래야 오래가니까. 그래야 내 옆에 있는 선생님을 키울 수 있으니까. 내가 가진 달란트가 얼마나 대단한지 나도 궁금하다. 그래서 멈출 수가 없다.

남편도 어머님도 나도, 아이들도 모두 제자리에서 맡은 일에 최선을 다하고 있다. 평범한 일상이 얼마나 소중한 일인지 수렁에 한 번 빠져보고서야 알았다. 바쁘게 출근하고 녹초가 되어 퇴근하는 일이 힘이 들지만, 때론 감사하다. 다람쥐 쳇바퀴 돌리는 일상이 지겨울 때 그때를 생각하며 지금의 감사함을 깨닫곤 한다.

서울에서 내 집 마련

결혼하면서 어머니가 주신 오천만 원은 우리 신혼집 종잣돈이 되었다. 2001년 송파구에 작은 아파트를 샀다. 주변시세보다 싸게 샀지만, 대출은 받아야 했다. 어머니가 주신 돈으로 시작할 수 있었고, 신혼부부가 살기엔 17평 아파트는 충분했다.

공사하고 세금 내고 오천만 원 대출금을 원금과 같이 갚아나갔다. 매달 원금 갚아나가는 재미로 사는 것도 나쁘지 않았다. 그러나 아이가 태어나고 전업주부가 되면서 생활비가 빠듯해졌다. 신혼 때는 아늑하게 느껴졌던 집이 아이가 걷기 시작하면서 좁게 느껴졌다. 돈도 없으면서 지금보다 집이 넓었으면 하는 마음에 유모차를 끌고 무작정 집을 보러 다녔다. 임장을 다닌 셈이다.

구천오백만 원으로 산 집이 3년 만에 3억이 되었다. 이건 뭔가 싶었다.

우리 부부가 월급을 3년 동안 안 쓰고 모아도 불가능한 돈이다. 부동산에 눈이 떠지는 순간이었다. 그러나 우리 집만 오른 것이 아니었다. 3억으로 갈 수 있는 아파트가 송파구에 거의 없었다.

그러다 한 부동산에서 경매로 나온 집이 있는데 한번 보러 가자고 했다. 집은 비어있고 지은 지 5년이 채 안 되는 38평짜리 나홀로 아파트였다. 집 앞에 버스 차고지가 있었다. 버스 차고지는 이전 예정이라고 부동산 사장님의 말에 문제가 없을 거라 여겼다. 빈집이라 더 넓어 보였겠지만, 17평 우리 집에 비하니 운동장 같았다. 아이가 실컷 뛰어다닐 수 있을 것 같았다. 평수에 비해 저렴해서 고민할 것도 없었지만 문제는 돈이다. 차액이 5천만 원이다.

'아직 대출도 다 못 갚았는데 대출을 더 받아야 하나?'

고민이 되었다. 그래도 집이 맘에 들었다. 이 돈으로는 도저히 38평 아파트는 못 구한다. 남편은 나홀로 아파트는 집이 안 오른다고 다른 집을 알아보자고 했다. 거기에 버스 차고지가 있는 것도 마음에 걸린다고 했다. 옆에서 아무리 반대해도 이상하게 이 집이 맘에 들었다. 꼭 내 집 같아서 고집을 피웠고 남편도 결국 허락하고 말았다.

이사를 하기 전 우린 손수 집을 수리했다. 도배, 장판만 새로 하고 거실 바닥 니스를 바르고 집 안 구석구석 청소도 직접 했다. 평수가 늘어서 청소가 두 배 이상이었지만, 힘들기보다는 재미가 났다. 낮에 아이를 데리고 와서 놀게 하고 매일 청소를 했다. 방 3개에 화장실 2개. 이런 큰 집에서 처음 살아봐서 마냥 신났다. 아이 방과 서재 방도 만들었다. 베란다에 화장대를 두고 조그마한 내방도 만들었다. 아이 미끄럼틀도 간이 수영장도 둘 수 있을 만큼 베란다는 넓었다. 이 집에서 둘째 웅이가 태어났고, 여동생 이양이 둘째를 낳고 산후조리도 했다.

아이들과 어머니랑 같이 살기에 이보다 좋을 수 없다고 생각했다. 그러다 아이들 중학교에 들어갈 때가 되자 아이들이 원하는 중학교에 배정받으려면 이사를 해야 했다. 집을 내놨다. 10년 정도 살았는데 남편 말대로 집값이 거의 오르지 않았다. 게다가 내놓은 집은 사겠다는 사람이 나타나질 않았다. 몇 달을 기다려도 집을 보고 그냥 가버렸다. 부동산에서 전세로 내놓으면 어떨까? 하고 제안했다. 올리자마자 계약이 되었다. 그동안 집 앞에 버스 차고지가 없어지고 대단지 아파트가 들어섰다. 복지관과 도서관, 공원이 생겼다. 10년 동안 천지가 개벽한 것이다. 위치가 좋았다. 집 바로 옆에 위례신도시로 길이 뚫린다고 하니 어머니는 차라리 잘 되었다고 하셨다. 전세로 주고 우린 집을 알아봐야 했다. 그 돈으로 학군에 맞는 집을 찾는 건 불가능했다. 남편이 대출받아 사업해서 빚이 늘었고, 대출을 더 받아야만 집을 살 수가 있었다. 이놈의 대출 인생.

어느 날 출근길에 분양사무실 하나가 눈에 들어왔다. 매일 지나다니던 길이었다. 그 건물이 들어선다고 땅을 팔 때부터 봤던 건물이다. 관심도 없었고, 내 것이 될 거란 생각은 더더욱 못 했다. 주상복합건물인데 3층부터 19층까지는 아파트라고 했다. 무작정 분양사무실에 들어가서 모델 하우스를 보여달라고 했다. 25평인데 더 작게 느껴졌다. 하지만 애들이 컸으니 좁아도 살만하다고 생각했다. 이번엔 가족을 불러서 같이 집을 보자고 했다. 어머니는 지하철역 바로 옆이라 지금 사는 집보다 더 좋다고 하셨다. 분양하는 집은 주변시세보다 싸다는 점을 그때 알았다. 전세금을 받고 나머지 대출을 더 받았다. 최종 대출금이 1억 6000만원.

이사를 하면서 짐을 거의 버리고 왔다. 좁아도 아늑한 집이 좋았다. 얼떨결에 우린 송파구에 집 두 채를 갖게 되었다. 오천만 원으로 시작해서 전세 끼고 집 두 채를 만들었다니 내가 생각해도 기특하다. 매달 갚아야 할 대출금이 있지만 좀만 더 허리띠 졸라서 살면 조만간 다 갚을 수 있지 않을까?

우여곡절 많았지만, 무일푼에서 여기까지 왔다. 갚아야 할 대출금은 여전히 남아있지만, 빚도 능력이란 말에 기대어 웃어본다. 지금처럼 열심히 일하고 갚아가다 보면 언젠가 나에게도 빚 없이 웃을 날이 오리라 기대해 본다.

아낌없이 주는 나무 (어머니)

어머님이 함안으로 귀향하신 지 2년이 넘었다. 10여 년을 넘게 애들 돌봐주시느라 같이 사셨다. 말만 시어머니지 엄마보다 더 다정한 분이시다. 남들은

"어떻게 시어머니랑 사니? 그것도 10년도 넘게."

라며 나를 짠하게 보는데 그건 어머니를 모르는 사람들의 말이다. 어머니를 본 지인들은 내가 복이 많다고 한다. 따뜻하고 인자하신 분이시다. 특히 손주 사랑은 못 말릴 정도로 지극 정성이다.

어머니도 직장 생활을 하셨다. 어머니 나이 마흔에 처음으로 이력서 들고 간 곳은 동네 마트 생선코너였다. 당신은 부산 출신이라 생선에 대해 잘 알아서 누구보다도 생선을 잘 팔 자신이 있다고 하셨단다. 마트에도 여러 부서가 있는데 생선코너는 그들 사이에서도 꺼리는 부서였나

보다. 비릿한 생선 뒤처리도 만만치 않은 일이어서 그런지 일할 사람이 없었다고 했다. 당연히 합격이었다.

야무지게 살림만 하시던 어머니는 그곳에서 유감없이 실력 발휘를 하셨다. 생선을 진열하는 일이 판매에 지대한 영향을 미친다는 사실을 알아챈 어머니는 싱싱한 생선을 더 보기 좋게 놓으셨다. 대부분 단골손님이라 신경을 특별히 더 쓰셨다고 한다. 손님이 오면 생선요리법까지 알려주시고 조금이라도 싱싱하지 않으면 팔지 않고 처분하거나, 저렴한 조림용으로 판매하자고 하셨단다. 지금 사지 말고 내일 아침 일찍 와서 싱싱한 거 사라고 하셨다니 손님들이 좋아하지 않을 이유가 없었을 것이다. 어머니는 그런 분이시다.

직업전문학교에서 학생들 모집하는 일도 한동안 하셨다. 전국 고등학교를 직접 찾아다니면서 상담도 하고 직업전문학교에 대한 비전을 설명하는 일을 하셨다. 물론 그곳에서도 성실하게 일하셔서 소문이 났다. 같이 일하던 상사가 사업을 시작하면서 어머니를 직접 모시고 갈 만큼 일 하나는 똑 부러지게 잘하셨다.

새로 들어간 곳은 쌀국수 프랜차이즈 회사였다. 어머니는 가맹점주가 가맹점을 낼 때까지 모든 일을 맡아 하셨다고 한다. 어머니의 손길이 들어간 쌀국숫집 첫 매장 오픈하는 날 가족 모두 먹으러 갔을 때 처음 보는 쌀국수가 어머니의 작품이라고 생각하니 자랑스러웠다. 매장에서 직원 교육은 끊임없이 해야 하는데, 어머니는 교육도 잘하셨다. 솔선수범은 기본이고, 전국 매장 점주와 매니저들 사이에서도 인기가 많았다.

가끔 고객 불만 전화나 항의가 있으면 그것도 다 어머니가 해결하셨다고 한다.

쌀국수 회사가 '일본 라멘' 집도 오픈하면서 어머니는 60세 정년을 넘어 65세까지 일하셨다. 연세가 많았지만, 초창기 오픈에 직원 교육까지도 어머니가 도맡으셨다. 물론 라멘집도 번창했다. 가맹점이 많아지고 회사가 자리 잡고선 퇴직하셨다. 우리 집은 서울 송파, 어머니 회사는 일산. 매일 출퇴근하시며 애들까지 봐주신 어머니. 너무 감사하다. 감사 말고 더 좋은 단어를 찾지 못함이 안타깝다.

어머니는 어디서나 빛나는 사람이다. 집에 있으면 반짝반짝 집을 빛내고 식구들을 빛냈다. 직장에 가시면 그곳이 어디라도 어머니가 계시는 자리는 빛이 났다. 지금 계신 함안에서도 마찬가지다. 어머님은 복지관 바리스타로도 일하셨다. 우리 아이들은 할머니표 샌드위치를 좋아하고 나는 어머니가 만들어 주시는 라떼를 좋아한다. 어머니는 어디에 계시든 맡은 역할 이상을 하시는 자랑스러운 분이시다.

코로나19로 복지관 카페는 문을 닫았다. 어머니는 갑작스러운 실직에 한동안 힘들어하셨다. 다시 문 열기를 기다렸지만, 끝내 퇴직금을 받고 마무리했다. 마흔에 일을 시작하신 어머니는 바리스타 일을 끝으로 그만두신다고 생각하셨다. 그런데 복지관에서 전화가 왔다.

"어르신~ 국민연금공단에서 어르신 일자리 모집 중인데 이력서 내보시죠?"

어머니는 또 쟁쟁한 경쟁률을 뚫고 들어가기 힘들다는 공기관에 입사하셨다.

어머니는 큰손주 대학 합격 후 독립선언을 하셨다.
"이제는 너희끼리 살아라! 나는 이제 흙 만지면서 살고 싶다."
어머니는 10여 년 전 함안에 땅을 사서 조그만 집을 지어놓으셨다. 이미 정착해 배 농사를 짓고 계신 이모 두 분과 함께 오래전부터 꿈꿔온 일이라고 하신다. 세 자매가 모여 사는 꿈을 드디어 이루셨다. 어머니는 애들 때문에 시골 가는 걸 미루신 거였다. D-day는 첫 손주 대학 합격 발표일이었단다. 어머니는 감사하게도 당신 할 일을 마치고 멋지게 내려가셨다.

시골에 내려간 어머니는 더 빛나 보인다. 텃밭에 심은 푸성귀 따서 먹는 재미가 솔솔 하단다. 꽃도 심고, 과일나무도 심으셨다. 우리 먹을 건 약도 치지 않고 손수 벌레를 잡아가며 농사지으신다. 이모들이랑 밭에서 같이 일하고 밥도 같이 드시고 즐거워 보인다. 그것도 모자라 동네 초등학교 급식 도우미 모집에 작은이모랑 합격하셔서 두 분이 급식 할머니로 일하신다. 부지런한 어머니랑 이모님 못 말린다.

겨울방학엔 학교 일이 없고, 시골집은 겨울에 유독 추워서 서울에 와 몇 주 동안 있다 가신다. 평생 열심히 사셨고 우리 아이들까지 돌봐주시느라 수고를 정말 많이 하신 분이다. 그 사랑을 다 갚지는 못하겠지만,

오실 때마다 보답하는 마음을 아끼지 않는다. 아낌없이 다 주신 어머니, 감사하고 사랑합니다.

냄비 하나 들고 캠핑

남편은 낚시를 좋아한다. 하루 종일 낚시만 해도 좋겠단다. 나는 바다를 보는 걸 좋아한다. 바다를 보고 있으면 시간 가는 줄 모른다. 바람도 좋고, 바다 짠 내도 좋다. 보고 있는 동안은 명상하는 것 같은 고요함이 함께 한다. 그 안에서 새로 태어나는 듯하다. 파도 소리는 곱게 포장해서 일이 힘들 때 살짝 열어놓고 들었으면 좋겠다. 아이들이 좀 크고 나서는 둘만 자주 떠난다. 평일에 방전된 에너지를 채우기 위해서다.

해마다 남편은 주꾸미 낚시를 다닌다. 새벽에 출발하는 배를 타고 선상낚시를 간다. 장비 준비도 철저하다. 준비해 간 아이스박스에 잡은 주꾸미를 넣어온다. 집에 와서 깨끗하게 손질해 냉동실에 차곡차곡 정리해서 넣는 일을 손수 한다. 난 기력이 떨어지고 피곤하면 주꾸미를 먹곤 한다. 보약보다 자양강장제보다 효과가 있다. 남편은 냉동실에 주꾸미를 가득 채워 넣을 핑계를 대고 당당히 배를 타러 간다. 덕분에 원 없이 먹고 있다.

　의자 2개, 간이 테이블 1개, 냄비 1개, 거기에 냉동 주꾸미와 라면, 커피가 주말여행 갈 때 챙기는 준비물 전부다. 간단하게 챙기니 마음 내키면 곧장 떠날 수 있다. 동해나 서해로 3시간쯤 달린다. 바다랑 가장 가까운 자리에 주차할 곳을 찾는다. 풍광이 좋아야 한다. 파도 소리가 들려야 한다. 자갈도 좋고 바위도 좋다. 운 좋으면 소나무가 있는 곳, 나뭇잎이 바다를 살짝 가리는 자리, 그런 곳에 자리가 나면 좋다. 나무 그늘에 자리 잡으면 횡재다. 철썩이는 소리가 들려야 가슴속까지 뻥 뚫린다. 바닷바람을 크게 들이킨다. 산소호흡기다. 차 트렁크 열고 뒤에 앉는다. 바다를 바라보고 있노라면 그간 일하느라 시달렸던 게 별거 아니라는 생각도 든다. 왕복 6시간이 아깝지 않다.

　남편은 차 트렁크를 열고 테이블을 꺼낸다. 주먹만큼 작은 간이 휴대용 버너에 물을 끓이면서 준비한 먹거리를 꺼낸다. 그사이 냉동 주꾸미는 녹아서 흐물거린다. 먼저, 냄비에 라면 스프를 넣는다. 주꾸미를 몇 마리 넣는다. 샤브샤브처럼 데쳐 먹는다. 다리가 도르륵 말리면 꺼내 가위로 다리와 머리를 분리한다. 다리는 한입 사이즈로 잘라놓고 머리는 다시 국물에 넣는다. 이때, 라면 사리를 넣는다. 라면이 익는 동안 살짝 익은 다리를 고추냉이 넣은 간장에 살짝 찍어서 입에 쏙 넣는다. 눈을 감고 음미한다.

다리를 다 먹어갈 때쯤이면 라면도 다 익는다. 살짝 덜 익은 면발과 주꾸미 머리를 같이 먹으면 환상적이다. 라면에 파김치라도 얹으면 호강이다. 후루룩. 저절로 눈이 감기고 나도 모르게 감탄이 나온다. 그래 이 맛이지! 이걸 맛보기 위해 3시간을 달려온 거구나! 인생 뭐 있어? 다 그런 거지 뭐. 파도 소리가 토닥여 준다.

가끔은 커피도 갈아서 내려 마신다. 더 바랄 게 없다. 차 뒤 트렁크에 걸터앉아서 바깥바람 맞으며 마시는 커피가 세상에서 제일 운치 있는 맛이다. 이럴 땐 믹스 커피도 상관없다. 파도가 찰랑거리는 바로 앞에 앉아서 수평선을 한참 바라본다. 주책맞게 눈물이 난다. 좋아서 나는 건지 눈이 부셔서 나는 건지 알 수는 없다. 그 순간만큼은 매일 바다를 보고 사는 사람이 부러워진다.

바다를 두고 돌아온다. 언제가 될진 모르는 그날을 위해 미련은 남겨 둔다. 또 바다가 부르면 우린 냄비 하나 달랑 들고 떠나면 된다.
바다가 멀어진다. 도시가 가까워진다. 나른함이 스며든다. 비우고 채워왔으니 또다시 시작해 보자.

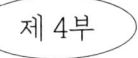

제 4부

다시 봄

생의 한가운데 서서

사람수명이 점점 길어지고 있다. 백세시대라더니 운 나쁘면 백이십 세까지 살 수도 있다는 우스갯소리도 한다. 어릴 때 환갑잔치는 집안 행사 중 가장 큰 행사였다. 일가친척은 물론이고 자식들의 친구들과 동네 사람 모두가 와서 축하해 준다. 그때는 60세는 노인이라고 생각했었다. 지금은 어디 그런가? 우리 회사에도 60세 넘은 선생님이 몇 명 있다. 그들은 때론 젊은 선생님보다 정정하다. 요가에 스트레칭을 하루도 빼놓지 않는다. 식단 등 자기관리를 젊은 사람들보다 더 열심히 해서 그 나이로 보이질 않는다. 그녀들에게 언제까지 일할 수 있냐고 물어본 적이 있다. 그때마다 앞으로 3년은 더 일할 수 있다고 말한다. 같은 소리를 들은 것이 벌써 몇 년째다.

그녀들은 입버릇처럼 10년만 젊었으면 뭐든 할 거 같다고 말한다. 지금도 잘하고 있는데 항상 아쉽단다. 그녀들이 꿈꾸던 나이가 지금 내 나이다. 나도 나보다 더 젊은 사람들의 나이가 부러웠는데 내 나이가 누군가 부러워하는 나이라는 말에 생각이 바뀌었다. 지금 시작해도 늦지 않는다. 뭐든 한다면 새로운 인생 2장을 시작할 수도 있겠단 희망이 생긴다.

평생 한 회사에서만 일 한 내가 새로운 일을 한다면 무얼 할 수 있을까? 주머니 속에 사직서를 품고 다니면서 한편으로는 퇴직하면 무얼 할까? 하는 고민은 시시때때로 불쑥 올라온다.

몇 년 전 일이다. 품고 다니던 사직서를 꺼내야 할 것 같았다. 평생 일과 사람 사이에 팽팽하게 이어온 관계를 더 이상 버틸 힘이 없었다. 점점 지쳐가고 있었다.

그때 '나를 구인 시장에 올려보면 어떨까?' 하는 생각이 들었다. 설레는 도전이었다. 그동안의 이력을 쓰고 클릭을 누르는 순간 떨렸다. 아무도 나를 찾지 않을까 봐 두려웠다. 느닷없이 손을 내미는 곳이 있을까 봐 또 두려웠다. 신입사원으로 들어가기엔 나이가 많고 경력직으로 가기엔 내가 그동안 했던 일이 제한적이라는 생각이 들었다. 걱정과 염려에도 불구하고 여기저기서 면접 제의가 들어왔다. 직종도 다양했다. 오랫동안 관리자로 일한 경력이 먹혔다. 오십 먹은 내가 필요하다고 하는 회사들이 있었다. 신입으로 오라는 곳도 있고, 경력을 인정해 줄 테니 오라는 곳이 있었다. 물론 이직하면 신입처럼 일해야 함을 모르는 것은 아니다. 그럼에도 그저 이력서만으로 사람을 보자고 하는데 아직 내가 쓸모가 있다는 것에 자신이 생겼다.

'나 아직 죽지 않았어.' 이렇게 생각하니 마음이 한결 가벼웠다. 눈치 보지 않고 일하는 모습이 당당해 보였는지 상사들도 선생님들도 나를 더 믿어주는 느낌이었다. 평소 힘겹게 하던 일에 자신감을 불어 넣으니 할만한 일이 되었다. 세상일이 뭐든지 마음먹기에 달렸다고 하더니 그 말이 맞았다. 일이 좀 재미있어졌다고나 할까. 변덕스러운 마음이 들었다.

'다른 일 말고 지금 하는 일을 좀 더 제대로 해볼까?' 이전과 다르게 살고 싶었다. 구인 광고에 올린 경험을 교사 모집 광고에도 이용해 보기로 했다. 역시 통했다. 구직자의 마음을 좀 더 알 수 있는 계기가 된 것이다. 같이 일하는 선생님들을 더 귀하게 여기는 마음을 배웠다. 그들도 다른 직업을 알아보며 이직할 준비를 할지도 모른다는 생각에 정신을 바짝 차리게 되었다. 의도치 않았으나 얻은 게 더 많은 이벤트였다.

상사나 교사들 눈치 보지 않고 내 방식대로 일하고 싶었다. 일은 힘들지라도 정신만큼은 건강하고 싶었다. 스트레스가 쌓이면 없던 병도 생긴다는데, 마음 둘 곳을 찾아야 했다. 인생을 다시 시작하는 마음으로 기존에 하던 일에 새로운 일을 해보고 싶었다. N잡러들에 대한 이야기가 많은데 나도 노후를 위해 뭔가를 준비해야 한다. 그러면 뭐부터 해야 하지?

우선 내가 할 수 있는 자리에서 할 것을 찾았다. 공부해서 시험을 보자. 회사에 한국사 과목이 출시되었다. 가장 싫어하는 한국사를 내 것으로 만드는 일. 그것부터 해보자. 혼자 공부해서 '한국사 능력검정 시험 1급' 자격증을 땄다. 시험에 합격하고 나니 자신감이 배가 되어 뭐든 할 수 있을 것 같았다. 한번 해보는 거지. 그 한번이 중요했다. 시작이 어렵지, 다음은 저절로 따라왔다. 다행이었다. 새로운 것에 대한 도전은 계속되었다. 지금도 뭔가를 하고 있는 내가 기특하기도 하고, 때론 고생했다고 토닥여 주고 싶다.

내 나이 쉰둘. 생의 한가운데까지 왔다. 얼떨결에 회사에 입사한 그날, 여기까지 오게 되리라곤 상상도 하지 못했다. 지국장 되기까지 우여곡절이 없지 않았다. 그러나 재능교육은 분명 내 인생의 대부분을 차지한 소중한 인연이다. 시작할 때 끝을 몰랐던 것처럼 지금도 여전히 미래는 어디로 나아갈지 알 수 없다. 생의 한가운데 서서 가만히 내 삶을 바라본다. 어디서 와서 어디로 흘러가는지를.

50에 만난 독서

 부끄러운 말이지만 아이들을 가르치면서, 독서의 중요성을 수없이 강조했으면서도 정작 나는 책을 좋아하지 않는 선생님이었다. 교과서와 자습서, 문제집과 회사교재를 제외하고는 책을 거의 읽지 않았다. 1년에 책을 20권도 안 읽고 살았다. 책보단 영상이 더 즐겁고 손쉬운 걸 인정할 수밖에 없다. 유튜브로 쉽게 정보를 얻을 수 있는데 굳이 힘들게 책을 읽을 필요가 있는지 회의적인 생각이 들기도 했다.

 회사에서 '문해력이 떨어지는 요즘 아이들'에 대한 주제로 강의를 맡아서 하게 되었다. 코로나19를 겪으면서 아이들 학습 격차가 점점 벌어지고 있다. 마스크로 입을 가리고 말해서, 제대로 된 발음을 모르는 어린 친구들이 많아졌다. 현장에서 직접 피부로 느끼는 안타까운 현실이다. 그 틈에도 사교육 열기는 사그라질 줄 모르고 교육의 빈익빈 부익부는 더 심해지고 있다.

　학부모들 대상으로 교육을 준비하는데, 문제는 나에게서도 심각한 문해력 부족 현상이 보인다는 것이었다. 교육에 필요한 책을 읽는데 이해가 되질 않아서 여러 번 읽어야 하고, 영상을 찾아봐야 쉽게 이해되는 상태였다. 교안을 여러 번 읽고 또 읽고 영상도 보고 또 보고 수정했다. 부족한 강의라고 생각했는데, 다음에도 강의해 달라는 요청이 들어왔다. 아무도 못 했다고 하지 않았는데 나는 내가 부끄러웠다. 연기자처럼 강의 잘하는 배우 역할을 했을 뿐이라 잘했다고 칭찬받을 일이 아니었다.

　이래서는 안 되겠다는 생각이 드니 마음이 조급해졌다. 다음번 강의를 준비하기 위해서가 아니라 나를 위한 독서를 해야겠다는 생각이 들었다. 나의 문해력에 문제가 있음을 알았으니, 나에게 적용해 봐야 했다. 그동안 아이들 교재를 수없이 봤지만, 나를 진단해 본 적은 없었다. 낮은 독서력과 정독하지 않는 독서 습관이 문제였다. 좋은 책은 물론, 수준에 맞는 책을 고르는 것도 어려웠다. 어른을 위해 필독서를 알려주는 곳은 없었다.

　그래서 무조건 읽기로 했다. 종이책, 오디오 북, 영상으로 책 읽어주는 채널도 가리지 않았다. 오디오 북은 운동할 때 들었다. 출퇴근 시간에 음악을 듣는 대신 오디오 북을 켰다. 정기구독을 신청했다. 듣다가 좋은 구절은 따로 저장해서 남겨 놓았다. 그중에서도 마음에 남는 책은 종이책으로 사서 또 읽었다.

사무실 바로 코앞에 주민센터 내 구립도서관이 있다. 그동안은 눈에 띄지 않았는데, 책을 읽기 시작했더니 도서관과 서점이 눈에 들어오기 시작했다. 가까운 곳에 도서관이 있어서 감사하고 반가웠다. 책을 읽다 보니 읽을 책이 계속 늘어났다. 집에 있는 자기계발서도 읽었다. 오십이 되어서야 책을 읽겠다는 생각이 든 게 아쉽다. 좀 더 일찍, 노안이 오기 전에 이런 책을 읽고 살았더라면 좋지 않았을까. 귀한 보물을 옆에 두고 눈을 감고 살았으니 안타까웠다.

주변에 내가 좋아하는 사람들은 다 책을 좋아하는 사람이었다. 책을 손에 놓지 않았고 책에서 배운 상식도 풍부했다. 그런 사람들은 말주변도 뛰어났다. 남편도 그렇고 친한 언니도 그런 사람이었다. 도무지 말로 이길 수 없는 사람들이다. 책을 예시로 들어서 말할 때 상식 없는 나는 주눅이 든다. 도서관에 하루 종일 있으면 행복하다는 언니가 처음엔 허세 부리는 줄 알았는데 요즘에는 조금씩 이해가 되기 시작했다.

1년 동안 읽고 들은 책이 100권가량 되었다. 끝까지 못 읽은 책도, 좋아서 두 번 읽은 책도 포함이다. 읽고 나니 책 욕심이 생겼다. 좋은 책을 더 읽고 싶어졌다. 자청의 자기계발서 『역행자』를 읽고 한 대 얻어맞은 거 같았다. 책을 읽고도 인생이 달라질 수도 있다니 대단한 청년이라고 생각했다. 코미디언 고명환 씨도 책을 읽고 인생을 다시 살았다고 한다. 구본형 선생님은 매일 새벽 읽고 쓰는 삶을 살면서 제2의 삶을 개척해 내신 분이다. 책에 뭔가 있다고 확신하는 사람들이다. 책이 뇌를 활성화해서 더 머리를 좋아지게 한다고 한다. 과학적으로 입증된 사례가 꽤 있다. 책으로 인생이 달라진 사람이 있다니 그 말을 믿어보고 싶었다.

내가 세상만사 모든 일을 다 알 수는 없다. 할 수도 없다. 나보다 먼저 경험한 사람이 하는 말에는 길이 있다. 갈림길에서 고민할 때, 삶의 지혜가 필요할 때, 전혀 모르던 내용을 익힐 때 길은 모두 독서로 통했다. 책보다 더 가성비 좋은 게 어디 있을까? 그래서 어른들이 아이들에게 책을 읽으라고 그렇게 말했던 거구나! 아이들에게 독서의 중요성을 수없이 강조하면서도 정작 나는 독서하지 않았다. 내 아이들에게 책을 많이 읽어주지 못했던 지난날이 후회된다. 아이들에게 물려줄 건 재산이 아니라 독서 습관이어야 했다.

늦었다고 생각할 때가 가장 빠르다고 했던가? 나도 오십이 되어서야 책을 읽기 시작했다. 아직 어린 우리 아이들도 얼마든지 희망이 있다고 생각된다. 책 읽는 모습을 보여주는 것! 그것부터 시작하자. 매일 새벽 일어나서 책을 읽고 글을 쓴다. 몸에 습관이 배라고 하루도 거르지 않는다.

매일 새벽 읽고 쓰는 엄마로 살아가자! 내 노후를 위해 내 아이들을 위해서.

한국사는 취미입니다

회사에 신제품으로 '생각하는 한국사'가 나왔다. 신제품이 나올 때마다 회사 전체가 들썩인다. 문제는 내가 한국사를 잘 모른다는 점이다. 중고등학교 때는 시험 전날 벼락치기로 외워서 겨우 시험을 봤다. 그마저도 시험이 끝나면 거의 다 잊어버렸다. 내 아이들한테는 일찍 한국사를 접하게 한다고 역사 유적지도 데리고 다녔지만, 아이들 한국사 점수엔 소용없는 일이었다. 엄마를 닮아서 그런지 한국사 시험은 언제나 낙제였다.

가끔 TV에서 한국사를 재미있게 가르치는 선생님들을 보면 역사가 쉬워 보였지만, 내가 할 수 있는 영역은 아니라고 여겼다. 하지만 해야만 하는 일과, 해도 그만인 일은 접근이 다르다. 한국사는 이제 꼭 해야만 하는 공부이자 밥벌이가 되었다. 어디서부터 공부를 시작해야 할지 막막했다. 자료들을 찾아보고 주위에 한국사 잘하는 분들을 보니 거의 자격증을 가지고 있었다. 한국사에도 자격증이 있다는 사실도 몰랐던 나는 새로운 세상에 눈을 뜨게 되었다. 초등학생부터 성인까지 다양한 연령대의 사람들이 '한국사능력검정시험'을 준비하고 있었다.

  서점에 가서 가장 눈에 띄는 책을 골랐다. 시험 일정을 보고 최대한 멀리 있는 날짜를 잡았다. 회사일, 집안일 하면서 공부하는 게 만만하지 않을 게 뻔하니 핑계를 대고 싶었다. 4개월 후에 있는 시험에 대비해서 공부했다. 다행히 동영상 강의가 무료라서 책을 한번 보고 영상으로 복습하고 다시 책으로 다지길 반복했다. 혼자 하면 포기할 것 같아서 친한 언니에게 같이 하자고 하니 선뜻 하겠다고 했다.

  새벽 6시에 운동을 다녔는데 그 시간에 동영상 강의 1편을 다 듣는 것을 목표로 세웠다. 한국사 강의 동영상은 40회가 있으니 40일이면 된다고 생각했는데 한번 들어서는 도저히 알아들을 수가 없었다. 40회를 3번 이상 들어야 이해가 됐다. 근무 중엔 공부할 시간이 없어 새벽에 운동하고 돌아와서 조금 더 책을 보는 게 전부였으니 진도가 나가지 않았다.

  주말에 집 앞 도서관을 다녔다. 새벽에 일찍 나가서 밥 먹는 시간 빼고 하루 종일 도서관에서 한국사 공부에 매달렸다. 학생 때 수능 공부한다고 도서관 다니던 시절이 생각났다. 집 앞 도서관에 갔더니 열람실엔 어린 학생들에서 어르신들까지 주말 새벽부터 꽉 들어차서 늦게 가면 자리가 없을 정도였다. 열심히 공부하는 사람이 이렇게나 많았다는 사실에 부끄럽기까지 했다. 내가 밥벌이로 바쁘게 사는 동안 다른 사람들은 책 읽고 공부하며 자기 계발까지 하며 살고 있었던 것을 도서관 가서야 알 수 있었다.

노력은 배신하지 않았다. 다행히 높은 점수로 합격했다. 같이 시험 본 언니도 합격했다. 시험 보고 나왔더니 남편은 그동안 공부한다고 고생했다며 남한산성 드라이브도 시켜주고 멋진 카페도 데려갔다. 한국사 자격증은 내가 가진 자격증 중에서 가장 힘들게 딴 자격증이라 더 특별하다. 시험을 보고 그것으로 끝내면 학생 때랑 다를 게 없다. 멈추면 안 된다. 일부러 역사 관련 책을 빌려서 봤다. 전에는 보지도 않았던 역사 TV 프로그램도 찾아서 보게 되었다. 그전엔 상상도 할 수 없는 일이 몇 개월 만에 벌어졌다. 요즘도 까먹을지 몰라, 가끔 강의를 들으며 되새기고 있다.

블로그에도 역사적 인물에 관한 이야기를 가끔 올렸다. 어렵게만 느꼈던 역사가 쉬워졌다는 블로그 이웃들이 생기기 시작했다. '역사 이야기'도 연재하고 있다. 학생 중에 유독 한국사에 관심을 보이는 아이가 있다. 수업하는 동안 점점 빠져드는 것을 보았다. 화상수업 시간에 자기가 공부하는 역사 이야기를 발표해 보라고 했다. 한두 번 하다가 말 줄 알았는데 아이는 더 열심히 자료를 조사하고 공부해서 매주 발표를 이어 나갔다. 발표를 마친 과제는 블로그에 남기자고 했다. 아이는 바쁜 와중에도 실천했고 내 블로그에 같이 연재로 실어 올렸다. 한국사를 공부하다 보니 일본사에 관심이 갔다고 했다. 매주 아이는 일본사를 공부하고 글을 쓴다. '청출어람'이다.

밥벌이로 시작한 역사가 취미가 되어버렸다. 기록을 남기다 보니 훌륭한 제자도 생겼다. 작년부턴 온라인으로 회원들 대상으로 '한국사 자격증반'도 시작했다. 지금 내가 하는 이 일이, 나와 아이들의 역사로 기록될 것이다. 이러다 취미가 밥벌이가 되는 건 아닐지 모르겠다는 상상만으로도 기분이 좋아진다.

역사를 공부하는 진짜 이유

뭔가에 빠지면 주변이 안 보일 때가 있다. 누구는 집요하다고 하고 누구는 집중한다고 한다. 집중력이 좋은 건지 알 수는 없지만, 지금도 나는 뭔가에 빠져있다.

한동안 수학에 빠진 적이 있었다. 학생 때 그랬다면 좋았을 텐데 그건 아니다. 운명을 바꿀 시험을 다 치르고 나서야 뒤늦게 수학에 빠졌다. 교육 회사에 들어와서 아이들을 가르치면서 수학에 대한 전반적인 흐름을 볼 수 있게 되었다. 배움이 더딘 나는 그것도 오랜 시간이 걸리고서야 알게 되었다. 학생들을 가르치다 보니 일찍 수학을 포기해 허덕이는 아이들을 많이 보게 되었다. 선생님이 설명하면 그땐 안다. 혼자 풀어보면 잘 모른단다. 그럼 모르는 거다. 하지만 아이들이 여기서 실수를 저지른다. 들어서 아는 걸 자기가 아는 거라고 착각하고 넘어간다. 그러면서 공부가 어렵다고 한다.

  모든 공부가 그렇겠지만 특히 수학을 잘하려면 기초를 차곡차곡 쌓아가는 것이 무엇보다 중요하다. 아이들이 좀 더 효과적으로 공부할 수 있게 연구하는 데 시간을 더 썼다. 시험 잘 보는 아이들은 출제자의 의도를 꿰뚫어 보는 능력이 있다. 나는 교재를 만든 사람의 의도를 꿰뚫어 보고 싶었다. 프로그램식 학습이라고 하지만 분명 교재 한 권마다 목적을 두고 만든 교재일 텐데 수학의 알고리즘이 스며있는 그 흐름이 궁금했다.

  보려고 하니까 교재 구성이 보이기 시작했다. 이해가 안 되는 부분은 본사 수학 연구소에 전화를 걸어서 물었다. 수학 연구원들이라 그런지 설명이 명료했다. 스스로 학습 원리가 뭔지 시간이 한참 흐른 후에야 겨우 감을 잡을 수가 있었다. 그 이후 아이들에게 수학의 개념과 원리를 가르치기 시작했다. 시간이 걸려도 그렇게 가르치면 스스로 공부하는 아이가 되는 것을 여럿 보았다. 그대로 실천하며 선생님들에게도 그렇게 가르치고 있다.

  학교 다닐 때 한국사에 대한 기억이 좋지 않았다. 암기과목이라면 질색이었다. 외우는 요령이 없었다. 벼락치기로 시험 전날 반짝 외우는 건 의미 없는 일이라고 생각했다. 머리에 남지 않았음에도 암기과목을 수학처럼 이해하면 문제가 풀릴 거라고 믿은, 한마디로 게으른 학생이었다. 재미라도 있었다면 노력이라도 했을 텐데, 사회, 역사, 경제는 도저히 재미를 붙이기 어려웠다. 그중에서도 한국사가 1등이었으니 평생 친하게 지낼 거라고는 상상조차 하지 않았다. 하지만 인생사에 '절대'란 절대 없었다.

밥벌이 때문에 억지로 시작했는데 생각보다 재미가 있었다. 내신 시험이 아니라 부담이 없었던 이유도 있다. TV 프로그램이나 유튜브 채널에 나오는 역사 강사들의 쉬운 설명도 한몫했다. 한번 빠지니 점점 더 깊이 들어가 나오기 싫었다. 교과서나 문제집만 파고 읽던 내가 역사 관련 책을 읽기 시작했다. 시험이 싫다더니 한국사능력검정시험도 도전했다. 심화 시험에서 1급 자격증을 따야 명함을 내민다길래 도전했다. 하지만 구석기, 신석기부터 발목을 잡았다. 오랜만에 들어서 그런가 무슨 소린지 알 수가 없었다. 하지만 해야 했기에 멈출 수는 없었다.

한 번 두 번 같은 강의 동영상을 볼 때마다 알아가는 재미가 생기기 시작했다. 그동안 모르는 이야기만 들어서 재미가 없었던 건 아닐까? 아는 이야기를 들으면 재미가 있지 않을까? 맞았다. 아는 만큼 들리고 보였다. 자기가 모르는 사람 이야기가 들릴 리가 없었다. 사람도 아는 척을 해야 반가운 법! 아이들에게 역사에 나오는 인물을 아는 사람으로 만들어 주고 싶었다. 세상에 나갈 아이들에게 좋은 사람을 소개해 주고 싶은 마음에서 한국사 특강을 시작했다.

이미 들어본 이야기라서 반가워하는 친구들이 있다. 전혀 몰라서 수업 시간에 알아가는 재미를 느끼는 친구들도 있다. 아이들은 새로운 친구를 만나면 호기심으로 다가가서 수줍게 인사를 나누다가 어느새 신나게 같이 뛰노는 사이가 된다. 그게 누구든 상관없이 말이다.

셀럽보다 유명한 세종대왕은 가장 친한 사이고, 만주벌판까지 땅을 넓혔던 광개토 대왕도 아이들에겐 그저 친한 친구다. 영웅 이순신도 아이들에게는 조금 더 잘 아는 사람이고, 나이가 많은 장수왕도 아이들에겐 할아버지처럼 친근하다. 망할 줄 알았던 고구려를 살린 소수림왕을 아이들은 대견하고 고마워한다. 아는 사람이 많아지니 역사가 재미있어지는 것이다. 재미있으면 아이들은 빠져든다.

온라인으로 강의를 시작했다. 처음엔 겨울방학 두 달만 하기로 했다. 일주일에 한 번 40분 화상으로 진행하는 역사 수업에 아이들이 얼마나 신청할지 걱정했는데 기우였다. 아이들과 학부모님들은 생각보다 역사 수업에 관심이 많았고 수업에서 들은 내용들을 부모님에게 전하며 아는척한다는 것을 알았다. 수학, 영어는 몰라도 역사는 부모님보다 많이 아는 아이들이 생기기 시작했다. 자신감은 곧 다른 일상의 관심으로 돌리기도 한다. 역사를 좋아하는 아이는 인물을 깊이 이해하는 연습을 한다. 그것은 옆 친구를 이해하는 마음을 갖게도 한다.

특강과 함께 '한국사 자격증반'도 같이 진행했다. 한국사에 관심이 생긴 아이들에게 뭔가를 남겨주고 싶었다. 세상에 많은 학습 도구가 있고, 훌륭한 선생님들이 있는데 특별히 나를 찾아준 아이들이 고맙고, 책임감이 생겼다. 성의 있는 강의를 위해 동영상도 찾아서 보고 공부를 하고 또 한다. 역사 정리 노트도 따로 만들고, 블로그에 포스팅해서 공부하고 나서 같이 읽으며 정리하라고도 한다.

한국사 자격증반 수업 시간에 정조 대왕에 관한 이야기를 나눌 때였다. 정조가 자기 손으로 뽑은 신하를 규장각에서 공부시키고 밤늦도록 연구와 일을 시켰다고 했다. 그것도 부족해서 '초계문신제'를 실시하여 공부를 더 시켰다고 하니까 좀 어려웠나 보다.

"우리 한국사 시간을 딱 40분만 하는 게 아니고 수업 이후 밤늦게까지 보충수업을 한다면 너희들은 좋아하겠니?"

"네~~ 할래요. 재미있어요. 늦게까지 해도 돼요~"

"선생님은 잘 건데 그만하자."

"조금만 더 해요~"

아이들이 변했다. 첫 수업에 쭈뼛거렸던 아이들이 이젠 시험을 떠나서 역사를 즐기기 시작했다. 드디어 문제가 풀린다면서 좋아한다. 쪽지시험도 거뜬히 푼다. 밤 8시 넘어서 하는 온라인 수업에 졸지도 않고 끝까지 듣는다. 심지어 마지막 인사를 하고도 나가지 않고 선생님이랑 이야기 하고 싶어 하는 아이들도 있다. 역사 공부를 시작하고 학교에서 한국사 박사라는 소리를 듣는단다. 스스로 뿌듯해한다. 아이들이 기특하고 자랑스럽다.

한국사 박사 탄생을 위해 오늘도 역사책을 펼친다. 또 재미난 우리 역사로 신나게 한 판 놀아볼 참이다.

별에서 온 아이

열 살짜리 꼬마한테 한 수 배운다. 윤이는 초등학교 3학년 남자아이다. 또래 아이들에게서는 보기 힘든 따뜻한 마음을 가진 아이다. 자기밖에 모르는 아이들이 많은데 윤이는 항상 주변 사람들을 챙겨 오히려 낯설어 보이기까지 한다.

윤이는 6살 여름과 가을의 중간쯤에 나에게 왔다. 처음 본 낯선 선생님에게 스스럼없이 대하는 모습이 귀엽고 사랑스러웠다. 부모님이 늦게까지 일하느라 외할머니, 할아버지 손에서 자란 아이다. 윤이는 단독주택에 산다. 외할머니댁인데 할머니는 2층에, 윤이네는 3층에 산다. 할머니의 따스한 보살핌 덕분에 맞벌이하는 부모님의 빈자리 티가 나지 않는다.

코로나가 한창일 땐 가정을 방문하면 마스크 착용은 필수였고 손을 깨끗이 씻고 공부를 시작했다. 손 씻고 나면 할머니는 문 앞에서 기다렸다가 조그마한 수건을 내주셨다. 선생님이 당신 식구들이 쓰는 수건을 같이 쓰는 것을 불편해할까 염려하여 따로 준비한 배려였음을 한참 후에 알았다. 언제나 할머니 방 한쪽 귀퉁이에 작은 상을 펴놓고 바닥에 앉아서 공부했다. 딱 봐도 한 30년은 넘은 듯한 오래된 집이었는데, 집 안이 항상 반들거렸다. 심지어 세면대, 욕실 구석구석까지도 실리콘에 곰팡이조차 없고, 바닥에는 머리카락 한 올 없었다. 선생님이 오는 날이라고 특별히 청소했을지도 모르겠지만 그래도 살림을 해본 사람은 안다. 주부 9단의 내공은 숨겨지지 않는다는 것을.

바쁜 부모님과 할머니 할아버지는 윤이 공부까지 신경 써주지는 못했다. 선생님이 일주일에 한 번 다녀가면 그게 끝일 때가 많았다. 선생님이랑 하루치를 공부하고 나머지는 숙제로 해야 하는 것이 학습지다. 교재에 5일분 요일이랑 날짜까지 쓰고 숙제하기로 손가락 걸고 약속한다. 다른 집 아이는 엄마가 시키니까, 선생님이랑 한 약속이니까 지키려고 한다. 엄마의 입김이 90%는 작용해야 숙제를 겨우 하는 아이들이 많다. 하지만 윤이는 항상 숙제가 되어있지 않았다.

윤이가 숙제 못 한 것은 아이 탓은 아니다. 6살은 어른들이 챙겨야 하는 나이다. 아이를 혼낼 수 없어서 어머니에게 몇 번 당부해도 그때뿐이었다. 어머니는 아이에게 네가 알아서 해야 한다는 약속을 하셨다. 글씨도 모르는 6살짜리가 혼자 알아서 하기란 불가능한데도 말이다.

안타깝고 안쓰러웠다. 젊은 날의 나를 보는 듯했다. 우리 애들 어릴 때 바쁘다는 핑계로 숙제할 양을 표시하고 알아서 하라고 했다. 챙기지 못해서 숙제가 밀린 수많은 날. 윤이를 보면 우리 애들이 생각나서 더 신경이 쓰였다. 윤이랑 할머니의 배려에 나도 사람인지라 다른 아이들보다 마음이 더 갔다. 밀린 숙제도 봐줘야 했고, 새로운 교재도 설명해야 해서 시간이 언제나 부족했다. 하나라도 더 해주고픈 마음에 수업 시간 잡담을 못 했다.

그래도 윤이는 일주일에 한 번 오는 선생님을 극진히 맞이한다. 앉은 뱅이 밥상과 요즘은 보기 힘든 방석, 허리 받침대가 있는 의자도 준비돼 있다. 몇 년을 보는데도 항상 설레는 얼굴로 맞는다. 간식을 챙기는 어린 아이는 윤이가 유일하다. 과자, 사탕, 빵, 우유, 물. 한 번도 그냥 보낸 적이 없다. 간식이 없을 때는 죄송한 얼굴로 물 한 잔을 두 손으로 가져오는 아이다. 아무리 괜찮다고 해도 윤이는 그렇지 않은가 보다. 우유를 먹으면 배가 아프다고 하니까 그다음부터 할머니가 우유를 갖고 오시면
"안돼~ 선생님 우유 마시면 배 아프시대. 할머니 커피 없어요? 우리 선생님이 커피는 좋아하신다는데."
이런 민망하고 기특한 말로 변호까지 해주는 든든한 아이다. 그때부터 커피 맛 과자나 사탕이 보이면 선생님 주려고 챙겨놨다가 가방에서 꺼내 준다. 수업하다 꼬르륵 소리를 들으면 자기가 오히려 어쩔 줄 모르는 윤이다. 초코파이 하나 가져와서 얼른 먹으란다. 어린아이에게 감동하면 순간 시간이 멈춘다.

얼마 전부터 윤이는 센터에 공부하러 온다. 아이는 이미 많은 학원을 돌고 돈다. 선생님이랑 공부하러 가야 한다고 학원 몇 개를 그만뒀단다. 같이 공부하는 친구들이랑 선생님 드린다고 자기 집 냉동실에서 떡을 잔뜩 들고 왔다. 어제는 과자를 가져왔다. 선생님 드린다고 따로 챙겨온 모양이다. 선생님 간식은 안 챙겨도 된다고 해도 마음을 쓰는 아이다. 그 마음이 이뻐서 뭐라도 하나 챙겨주고 싶은데 아이들이 많아서 그러지도 못한다. 어제는 윤이 생일이라서 당당하게 간식이랑 선물을 챙겨줬다. 입꼬리가 쭉 올라갔다. 감사하다는 말도 잊지 않는다. 머리부터 발끝까지 다 사랑스러운 윤이를 만나는 날이 가장 바쁜데도 힘이 나는 날이기도 하다.

가정교육이라고 했던가? 집에서 보고 배운 것을 아이는 밖에서 그대로 한다. 좋은 것을 가르쳐야 할 이유다. 어른들이 집에 오는 손님에게 대접하는 것을 보고 자란 아이는 그대로 한다. 인사성이 바른 아이들은 누가 가르쳤을까? 정갈하고 배려 깊은 아이는 친구들 사이에서도 인기가 많다. 사람을 끄는 매력이 있다.

다른 사람을 보고 나를 돌아보곤 한다. 내 아이들에게 나는 어떤 가르침을 줬는지. 배려하는 아이, 마음이 따뜻한 아이로 키우고 싶었는데 나는 그런 엄마였는지. 그런 선생님이었는지.

따밥

송파구 마천동 마천시장 골목엔 '따뜻한 밥상'이 있다. 일명 '따밥'. 그곳에는 3,000원짜리 김치찌개를 팔고 있다. 3,000원짜리 김치찌개는 10년 전에도 본 적이 없는 가격이다. 그런 김치찌개 집이 존재한다는 사실에 의심 반, 반가움 반으로 손님들은 쭈뼛쭈뼛 들어온다. 게다가 밥은 무한리필이다. 이게 사실이면 아무나 먹을 수 없는 가게라는 생각이 드는지 발길이 적다. 아무나 들어와서 아무나 먹어도 된다. 메뉴는 김치찌개 하나인데, 여러 가지 사리가 있어 이것저것 골라 먹는 재미도 있다. 아무리 추가해도 가격 부담 없는 고마운 식당이다.

교회 주보에 '따밥'에서 봉사할 사람을 모집한다는 작은 광고를 보았다. 담당구역 목사님에게 봉사자가 필요하다는 문자를 받고 토요일 오전에 하겠다고 자원했다. 그때 몇 달 봉사를 시작한 것이 지금껏 인연이 닿고 있다.

봉사를 시작하기에 앞서 우선 따밥이 무엇을 하는 곳인지 찾아봐야 했다. 김치찌개 단일메뉴를 파는데 3,000원이라고 하니 처음엔 무료 급식소인 줄 알았다. 돈을 받는다고 하니 그건 아닌데 무슨 일이 있는 건가? 하는 호기심이 생겼다. 시작은 연신내였다. 요즘도 밥 한 끼 먹기 힘든 사람들이 생각보다 많다. 편의점이나 간편식으로 때우는 사람들도 많다. 목사님은 단돈 3,000원으로 두둑하게 배불리 먹고 갈 수 있는 곳이 있으면 좋겠다는 선한 생각으로 이 일을 시작했다고 한다. 그 선한 뜻을 여러 목사님이 받아서 지점 아닌 지점을 낸 것이다. 어느 기관의 도움도 없다.

3,000원짜리 밥을 팔아서 남는 게 있을까? 싶을 정도로 김치찌개에 들어가는 게 많다. 가격이 싸다고 음식의 질이 떨어지지 않는다. 조물조물 무친 콩나물 반찬이랑 맘껏 먹을 수 있는 밥이 한솥 가득 준비되어 있다. 맛 또한 일품이다. 칼칼한 신김치에 고기도 가득하다. 두부까지 넣어서 담백함을 더 한다. 거기에 덤으로 넣은 떡국떡과 어묵은 풍미를 높인다. 윤기 좔좔 흐르는 뜨끈한 밥에 김치찌개를 얹어서 한입 먹으면 감탄이 절로 나온다. 김치찌개와 밥과 반찬이 무제한인 따밥은 사랑이다. 목사님들이 사장으로 있으니, 그곳이 바로 교회다.

가격이 궁금했다. 3,000원에는 어떤 의미가 있을 거 같았다. 자존심을 지켜주는 가격이란다. 더 비싸면 주머니 사정이 어려운 사람은 고민하고, 더 싸면 돈 내는 사람이 쑥스러울 수 있단다. 누구나 와서 밥 먹을 수 있도록 가격을 올릴 수 없단다. 이곳에도 예외로 무료로 밥을 먹고 가는 손님이 있다. 구청이나 주민 센터에서 급식 쿠폰을 나눠주는 이웃들이 있는데 그분들은 언제나 오시면 무료다.

마천점 사장님은 젊은 목사님이시다. 목사님 혼자 음식하고 서빙하고 설거지에 청소까지 다 하신다. 그래서 봉사자가 필요하다. 처음 가게 문을 열 때 봉사자를 모신다고 했더니 몇 분이 오셨다. 매일 주기적으로 봉사하는 것이 쉽지 않기에 돌아가면서 해야 한다. 얼마 전에 유튜브에도 소개되고 기독교 방송에도 몇 번 소개 되면서 많은 봉사자가 생겨서 목사님 일손이 줄어들었다. 봉사자분들은 음식 서빙에 식탁 정리와 주변 정리를 한다. 가끔 설거지를 애벌로 해서 식기 세척기에 넣기도 하는데 목사님은 그만하라고 하신다. 봉사자들에게 감사하는 마음과 미안한 마음이 가득한 목사님.

3,000원은 재료비도 안 된다. 고기 듬뿍 들어간 김치찌개가 이 가격이란 게 말도 안 된다. 하나님의 기적이 필요한 곳이다. 교회나 봉사자들이 쌀을 기부하신다. 후원금도 필요하다. 봉사자들 덕분에 인건비는 절약되지만, 그 외에 들어가는 돈도 만만치 않다. 감사하게도 익명의 기부자들도 있다. 가끔 식재료도 기증받는다. 손님 중에는 말도 안 되는 가격이라고 음식값보다 더 내고 가시는 분들도 있다. 이런 따스한 손길들이 따뜻한 밥상의 주인들이다.

간혹 혼자 밥을 먹으러 오는 사람들이 있다. 이곳에서 먹는 밥이 그날의 유일한 끼니인 사람들도 있다. 주머니 가벼운 학생들도 온다. 라면

보다도 싼 김치찌개는 누군가에겐 배불리 먹을 수 있는 고마운 음식이다. 나도 가끔 저녁에 가서 혼자 밥을 먹는다. 손님으로 찾아간다. 항상 반갑게 맞아주는 주인장이 있어서 혼밥도 외롭지 않다.

이런 좋은 식당에 더 자주 가서 봉사도 해드리고 싶은데 평일엔 시간 내기가 어렵고 주말엔 목사님 사역으로 문을 닫는다. 더 자주 가지는 못하지만, 언제나 마음으로 응원하는 곳이다. 저녁에 가면 성경 공부하는 목사님을 뵐 수 있다. 주말과 주일에는 교회에서 사역까지 하시는 목사님이라 하루도 쉬는 날이 없다. 최근엔 교회 사역으로 자주 따밥을 비우는데 그 자리를 봉사자들이 채워간다. 따밥에선 밥으로 목회하고, 교회에선 말씀으로 목회하는 부지런하고 바쁘신 목사님을 알기에 봉사자들은 자기 살림 마냥 구석구석 할 일을 한다. 그런 따스한 봉사자들이 있기에 이곳은 사랑으로 운영되고 있다.

이익을 추구하고자 했다면 시작하지 않았을 식당이다. 소외된 이웃에게 용기를 주기 위한 하나님의 사랑을 실천하는 귀한 성소다. 당분간 가격을 올릴 생각이 없다는 목사님에게서 다시 한번 감사를 배운다. 하나님의 사랑이 아닐 수 없다. 이곳에서 한 끼를 먹는 모든 사람이 몸과 영혼이 따뜻해지기를 간절히 바란다.

★ '따뜻한 밥상' 주소 : https://naver.me/G5rq9Xsp

나에게 주는 선물

현재 온도 영하 3도, 느닷없이 등에 불이 난다. 50살이 되고부터 갱년기 증상을 겪고 있다. 이유 없이 화가 나기도 하고, 머리카락이 젖을 정도로 땀이 나다가 또 갑자기 한기가 든다. 짜증이 나고 살이 찐다. 갑자기 들이닥친 갱년기 증상이다. 주변에서 슬슬 눈치를 보기 시작했다. 남편은 갱년기 여성에 좋다는 약을 지어왔다. 조그마한 알약이다. 매일 먹으라고 한다. 약 먹기 싫다고 했더니, 제발 먹고 성질부리지 말라고 한다. 성질부리고 있는지 몰랐기에 가족들에게 미안하다.

회사 일도 집안일도 어느 정도 자리가 잡혀가고 기를 쓰고 아등바등 살지 않아도 되는 때가 되었다. 아이들은 더 이상 엄마의 손길을 원하지 않았다. 각자 일어나고 알아서 생활했다. 잔소리도 필요 없어졌다. 회사 일도 전보다는 여유롭다. 경력에서 오는 수월함이라고나 할까? 일과 집안일 말고 다른 일을 찾고 싶었다.

   그동안 회사 생활을 전부인 양 살아왔다. 취미생활은 물론 노후 준비도 생각지 못했다. 여태까지 가족을 위해 열심히 산다고 살았는데 남는 게 없는 거 같아서 불안하고 초라하게 느껴졌다.

   한국사 시험을 준비하고, '따밥' 주말 봉사를 가면서 남는 시간을 보냈다. 새벽 운동을 하고, 주말에는 잠깐 다른 일을 했다. 몸을 혹사하면 딴생각이 안 든다. 주말에도 쉬지 않고 몸을 움직였다. 그러던 어느 날 일이 터졌다. 사무실 내 자리에서 일을 하다가 일어나는데 무릎에서 '뻑'하고 뭔가 끊어지는 소리가 났다. 주변 사람들도 나도 그 소리에 놀랐다. 다리가 말을 듣지 않았다. 병원에 가 검사를 하니 무릎 반월상 연골판이 파열되었다고 한다. 걸을 수 없었다. 예고 없는 멈춤이다. 할 일이 산더미로 쌓였는데 움직일 수 없는 나한테 화가 났다. 갑자기 나한테 왜 이런 일이.

   더 이상 움직이는 일을 할 수가 없었다. 수술을 하고 몇 주 동안 입원했다. 병원에서는 더 오래 입원해서 회복하는 것을 지켜봐야 한다고 했지만 일이 많아서 그럴 수 없다고 했다. 처음으로 멈췄다. 물론 입원하고 수술하고서도 병실에서 전화기를 들고 살았다. 누워서 수술한 다리는 하늘 높이 들고 노트북은 배에 올려놓고 화상으로 일 처리를 했다. 간호사랑 의사는 쉬라고 했지만, 쉬어본 적 없던 나는 어떻게 쉬어야 하는지 알지 못했다.

마감 후 회사 여름휴가가 겹치면서 일없이 편히 쉬는 시간이 일주일이나 있었다. 딱히 해야 할 일도 없었다. 잘 회복하기만 바라면 되는 상황이었다. 그런데 좀이 쑤셨다. 옆 침상 환자가 먼저 퇴원한 후 2인 병실에서 혼자 보낸 1주일은 나를 돌아보게 하는 귀한 시간이었다. 무엇을 해야 할지, 노후 준비는 어떻게 해야 할지를 생각하게 되었다. 퇴원해서도 운동을 못하니 몸 쓰는 일 말고 다른 일을 찾아야 했다.

그러다 만난 [매일매일 글쓰기]는 생명수 같았다. 글쓰기를 해본 적은 없지만 묘한 매력이 있었다. 때론 나를 만나는 시간이기도 했고, 타인을 이해하는 시간이기도 했다. 가족들이 놀란다. 새벽 운동을 5년 넘게 할 때도 가족들이 놀랐었다. 다리 다치고 나서 운동을 할 수 없으니 새벽 시간 할 거리를 찾아서 다행이라고도 했다.

글을 쓰겠다고 마음 먹은 후 쉽지 않지만 매일 뭔가 쓸 거리가 있다는 게 신기했다. 글이 가끔 산으로 갈 때도 있다. 작가님은 글쓰기 전에 뼈대를 잡고 시작한다고 하는데, 나는 그 뼈대 잡는 것이 힘들다. 그저 첫 문장만 생각한다. 첫 문장이 나오면 조심스럽게 끄집어내서 쓰기만 하면 된다. 나머지 문장은 저절로 써진다. 그저 나오는 문장을 받아적기만 하면 되는 글쓰기가 신기할 따름이다.

글쓰기는 그동안 못했던 부모님을 이해하는 시간이 되었다. 그동안 아무에게도 말 못 했던 이야기를 쓰며 지난날을 되짚어 보았다. 부모님 두 분 다 돌아가셨지만, 여전히 마음속 응어리로 남아있는 게 있었다.

나는 나이 50을 먹도록 철모르고 떼쓰는 자식이었다. 그럴 수밖에 없었을 부모님, 지금 내 나이보다 어려서 어설펐던 그들을 짠하게 보게 되었다. 글 쓰는 동안 가슴 속 저 밑에 얼어있던 덩어리가 조금씩 녹기 시작했다.

덕분에 나는 나를 더 좋아하게 되었다. 글 쓴다고 새벽에 앉아 있으면 남편과 아이들이 토닥이고 간다. 열심히 쓰라고 응원해 준다.

평생 돈이 되는 일만 하고 살았다. 지금 당장 돈이 되지 않는 글쓰기지만 돈보다 더한 재미와 가치가 있다. 나의 글이 나를 키우고 블로그에 올린 글에 반응해 주는 독자가 있어서 행복하고 감사하다. 위로와 치유의 글쓰기는 내가 나에게 주는 최고의 선물이다. 여전히 부족하다. 그래서 매일 많이 읽고 조금씩 쓰는 중이다.

간과 쓸개는 냉장고에 넣어 두고 출근하기

하마터면 큰일 날 뻔했다.

가끔 예상대로 일이 진행되지 않을 때 아니 예상과는 전혀 다르게 일이 돌아갈 때 심장이 철렁 내려앉는다. 내 월급 속에는 그런 일들을 처리하라는 업무가 포함되어 있음을 안다. 그럼에도 벅차고 머리가 지끈거릴 때가 종종 있다. 경력이 쌓이는 건 익숙해지는 일이지만, 일이 만만해지지는 않는다. 새로운 저항과 새로운 경우가 다양하게 등장한다.

신입 교사를 계속 뽑는다. '위탁'이라고 한다. 위탁은 지국장 업무 중 가장 중요한 일이기도 하다. 모집 광고를 낸다. 그 광고를 보고 지원하는 사람들이 있다. 지원자들의 나이랑 성별, 이력을 꼼꼼히 살피고 문자를 보낸다. 이력서를 보고 1차 합격자를 골라내는 일이 중요하다. 다음은 전화 통화다. 소통이 원활한지, 선생님을 하기에 적합한지 직접 통화하면서 2차 검토를 한다. 최종 면접 전에 전화 통화로 대략 사람을 파악해야 서로 시간을 낭비하지 않는다.

최근엔 외국인 지원자가 많아졌다. 특히 중국에서 온 지원자는 이름만으로는 구분이 어렵다. 전화해서 국적과 발음을 꼭 확인해야 한다. 아이들 한글을 지도해야 하기에 외국인은 선생님으로 모실 수 없다.
사투리가 심한 사람은 서울에서 유아들 수업 적응하기가 힘들다. 전에 울산 토박이 선생님도 발음 문제로 아이들과 소통이 안 돼서 그만둔 웃지 못할 일이 있었다. 받아쓰기하는데 선생님의 경상도 발음을 아이들이 못 알아듣는다고 고객 항의가 빗발쳤던 적이 있다. 선생님은 자기가 서울살이 오래 해서 이제 제법 서울말을 잘하는 줄 알았다고 했다. 지국에 물론 100% 표준어를 쓰는 교사만 있는 건 아니다. 정확한 발음을 하고 고객에게 상냥하고, 약속을 잘 지키고, 아이들과 어머니와 소통을 잘하며, 학부모 상담도 잘하는 사람 찾기가 만만치 않다. 사람을 구한다면서 신을 찾는 것과 같은 모양새다.

지난달 투잡을 하겠다는 신입 교사를 뽑았다. 이미 다른 일을 하고 있는데 지원을 한 것이다. 학원에서 아이들 가르쳐 본 경험도 있고, 집도 사무실이랑 가깝다. 당연히 환영이다. 지국에 5일 내내 일하는 사람도 필요하지만, 신입 교사는 2일에서 3일 정도만 수업하다가 일이 적성에 맞으면 하루씩 늘려나갈 때 일을 더 잘하게 된다. 물론 지국장마다 생각이 다르다. 무조건 5일 일할 사람만 뽑는 지국도 있다.

지국장이 되면서 일에 목숨 거는 사람보다는 일도 하고 취미생활도 하는 사람이 되고 싶었다. 그래서 내가 뽑는 선생님들은 조금은 탄력적으로 일하라고 한다. 회의도 교육도 화상으로 진행할 때가 많다. 오후에 현장에서 치열하게 일할 선생님들이다. 오전에 조금이라도 집에서 쉬면서 운동도 하고 집안 살림도 어느 정도 해놔야 밖에서 일할 때 열심히 할 수가 있다. 지국 선생님들은 자유롭게 출근하고 회의 시간에 맞춰 들어온다. 그들은 조직의 규칙에 맞게 일정을 조율한다.

그럼에도 배려가 의무인 줄 아는 사람들이 있다. 갑작스럽게 교사 하나가 그만둔다고 문자를 보냈다. 전화도 아니고 문자로 통보를 받고 머리가 지끈거렸지만, 그런다고 일이 해결되진 않는다. 교사가 오고 가는 일은 늘 있는 일이지만 그럼에도 갑작스러운 통보에 머리가 하얘진다. 다른 교사를 대체해야 하나? 고민이 되었다.

조직장끼리 하는 말이 있다. '아무리 일 못하는 교사에게도 골수팬은 있다.' 교사 바뀌면 회원들 이탈이 예상된다. 지국이 더 힘들어진다. 데리고 가면서 얻는 것과, 잃는 것을 생각해야 한다. 곪아 터지기 전에 도려내는 것이 맞는지, 곪은 건지를 파악해야 한다. 일하다 서로 소통 안 되면 그만둔다고 성질부릴 수 있다. 나도 상사에게 수없이 그랬으니까 할 말도 없고 이해도 한다.

지난주 그만둔다는 그 교사가 갑자기 지국 행사에 발 벗고 나섰다. 평소에 전혀 참석 안 하던 교사라 당황스러웠다. 지국장이 자기를 섭섭하게 대했단다. 나와는 소통이 부족하단다. 내가 언제 그랬냐고 따질 수 없다. 당한 사람이 그렇다면 그런 거니까. 지국에서 소외되는 거 같다고 했다. 지국장이 신입 교사 챙기기도 바쁜데 기존교사도 봐달라고 조르는 상황이다. 우는 아이 젖 주는 건 인지상정이다. 조르면 달래주고 한 번 더 봐주기로 했다. 그만두고 싶은 게 아니라 자기를 좀 봐달라고 하는데 한번 잡아주자. 나도 누군가 잡아줬기에 지금껏 왔음을 기억하자. 곪은 건 오히려 나였음을 인정하자.

다행이다. 갑작스러운 사직 통보는 일단 막았으니. 그러나 기존교사를 막으려니 신입이 또 걸린다. 위아래 눈치 보는 지국장의 하루는 험난하기만 하다. 모두가 내 새끼니, 다독거리고 품어 데리고 가야 하는 게 내 일이고 여태껏 나를 키운 재능이다. 거울을 보고 웃음을 지어본다. 신발을 신다가 다시 돌아와 간과 쓸개는 냉장고에 넣어 둔다. 오늘 또 시작이다.

드디어 나도

비실비실 웃음이 새어 나온다. 내가 이렇게 간사한 사람이었나? 난 올곧고 정직하고 정의로운 사람인 줄 알았다. 하지만 아닌가 보다. 아니 분명히 아니다.

지난주 금요일 승격, 승진 명단이 발표되었다. 매년 명단이 나오기 전 두근거리는 맘으로 공지 공문을 열어봤다. 대학 합격 여부를 알아볼 때랑 다르지 않았다. 대학도 한 번에 붙지 않았고 이런 떨림과 실망이 처음도 아닌데 매년 인사 평가 후 승격 명단에 내 이름이 없으면 실망으로 몇 달을 허덕이곤 한다.

2년 전에도 당연히 승격 1순위라고 해서 기대하고 있었는데, 몇 점이 모자라서 떨어졌다. 그 몇 점이 내 잘못이 아님에도 조직에선 감점을 매긴다. 불합리하다고 회사에 이의신청과 인사팀과 여러 부서에 보고서를 쓰면서 저항해 보았다. 사업부 상사들도 당연히 말도 안 된다고 나의 보고서에 힘을 실어주었다. 하지만 안되는 이유를 만들어 온 것처럼 내 점수는 올라가지 않았고 인사 평가도 번복되지 않았다.

    실망은 분노가 되어 과격해졌다. 전에도 그다지 굽실거리지는 않았지만, 더 이상 예스맨으로 살지 않았고 해야 하는 일에 주저함이 없었다. 할 말을 해야 나란 존재를 한 번이라도 봐주기에 기를 쓰고 달려들었다. 아이처럼 떼를 쓰고 징징거렸다. 그 끝은 사직서였다. 고작 그깟 일로 사직이냐고 하는 선배들 말이 내 귀에는 안 들려왔다. 이 난장판을 만들고 나서 회사 다닐 염치가 없었다. 하지만 부장님과 멘토인 국장님이 집 근처까지 찾아와서 그만 화를 풀고 진정하고 1년을 다시 준비하자는 말에 넘어가고 말았다. 못 이기는 척은 내 전공이다. 그렇게 해서 몇십 년을 다녔는데 1년 더 못 다니랴 싶었다. "한 번 더 해보지 뭐."

    1년 후 당연히 승격될 줄 알았다. 하지만 또 떨어졌다. 전국에서 4명만 허락된 귀한 자리에 내 이름은 없었다. 4명이라는 희소성에 1년 전만큼 노엽지는 않았다. 또다시 1년을 더 기다리기로 했다. 나의 바람은 이제 의미가 없어졌다. 이러다 만년 대리로 끝나는 건 아닐지 걱정도 되었다.

    올해는 작년 실적이 변변치 않았기에 기대도 하지 않았다. 본사 입장에서 나는 상당히 까다로운 사람이었다. 내가 이해되지 않으면 선생님들을 이해시킬 수 없었다. 현장에 문제가 생기면 묻고 따져서 해결해야 하는 지국장이다. 무조건 현장에 필요한 일이기에 목소리를 낼 수밖에 없었다. 내가 나서지 않으면 지국을 바르게 끌어갈 수가 없다. 당연히 할 일을 한 건데 본사에서 봤을 때는 귀찮은 지국장이었을 터였다. 회사 상사들은 이런 나를 적극적으로 일할 사람으로 알았단다. 상사 평가는 10% 반영이지만 그만큼이라도 나에게 허락이 된다면 얼마나 좋을까? 승진과 승격은 높은 분들의 몫이라 기다리고 비는 수밖에 없다.

마감 문제로 부장과 다시는 안 볼 것처럼 한판하고, 떠날 건지 남을 건지를 고민하는 나에게 문자가 쏟아졌다. 승격을 축하한다는 문자였다. 한발 늦었다. 내가 먼저 전산 확인을 하고 기뻐해야 하는데 다른 사람들이 공지를 먼저 본 것이다. 이번엔 내 이름이 떡하니 들어있다. 드디어 과장 승격이다. 대리 달았을 때는 이렇게 좋지 않았다. 당연히 때가 되면 되는 것을 다들 왜 그리 호들갑 떠는지 이해할 수가 없었다. 6년 만에 과장 승격이 뭐라고 입꼬리가 내려올 줄 모른다.

회사 대표님도 본부장님도 축하 메시지에 책임감이라는 단어를 꾹꾹 눌러쓰셨다. 회사엔 대리랑 과장이 많다. 차장, 부장으로 올라가는 사람은 몇 명 되질 않아서 과장으로 정년퇴직하는 일이 종종 있다. 그 속에 끼었다는 건 이젠 회사에서 역할을 제대로 하라는 의미이다.

사업조직장 워크숍에 가서도 밥과 커피를 기분 좋게 샀다. 4월은 잔인한 달. 한 달 동안 여기저기 쏘고 나면 월급은 또 잠시 스쳐 가겠지만, 기분 좋게 쓰고 싶다. 혼자 힘으로 된 게 아닌 걸 안다. 가족들과 지국 선생님들 모두 같이 고생한 덕분이다.

속으로 부장을 부장으로 부르지 못했던 시절을 반성했다. 대들고 따졌던 이전의 문주리 대리는 잊어달라고 했다. 승격시켜 줄 거면서 나를 테스트했다는 생각도 든다. 충성도를 유도하고 퇴직을 막은 것 같은 서늘함도 든다. 역시 고수다. 과장도 쉽지 않았지만, 부장은 아무나 되는 게 아닌 거 같다. 이젠 깍듯이 부장을 부장님으로 불러드려야겠다.

부장님 딸랑딸랑~

Epilogue

　새벽에 눈을 뜨면 제일 먼저 하는 일은 창문을 앞뒤로 활짝 여는 겁니다. 어떤 날은 흐리고 어떤 날은 쨍하게 맑습니다. 하늘색에 따라 하루의 기분이 달라지는 건 아니지만, 흐린 날은 흐린 날대로. 맑은 날은 맑은 날대로. 새벽을 일찍 맞이하는 기분이 뿌듯합니다.

　어느 날 창문을 열었는데 동쪽 하늘 어둑어둑한 곳에서 반짝이는 샛별을 보았습니다. 유난히 밝아서 그것이 샛별인지도 모르고 한참을 바라봤지요. 언제 떴는지? 어제는 떴었는데 내가 못 봤는지. 내일은 뜨는지. 매일 샛별이 기다리고 있는 것만 같았습니다. 오늘도 기다려 준 반가운 친구처럼 말이죠.

　2년 전 블로그를 시작하고선 매일 쓰는 일상을 보냅니다. 출근하기 전 3시간은 오로지 내 시간이기에 나를 위해 책을 보고 글을 씁니다. 시작은 나를 위함이었는데 시간이 갈수록 얻는 게 더 많아졌습니다. 블로그 이웃들을 알아가고 얼굴도 모르는 그들과 울고 웃습니다. 그동안 만났던 사람들과는 결이 다른 소통이 처음엔 낯설고 불편했는데 지금은 오래된 친구 같고, 언니 같고, 멘토 같습니다.

【매일매일 글쓰기】를 시작하면서 만난 벗들과 매일 10분 대화에서는 비타민이 쏟아집니다. 우리는 서로를 가르치고 또 같이 배워나갑니다. 꽃보다마흔 임은자 작가님에게선 따스하지만 엄격한 성실함을 배웁니다. 매일의 힘을 믿으며 매일 글을 씁니다. 글방 식구들의 글이 차츰 세련되고 단단해집니다. "못 쓴 글 많이 쓰자!"라는 말로 매일 조금씩 커갑니다. 훈련의 힘이 이런 건가 봅니다.

새벽마다 자기 방을 기꺼이 내어준 큰아들. 물론 군대 가서 빈방을 빌려줬지만, 그 속에서 엄마는 글을 실컷 썼습니다. 아들은 군에서 나라를 지켰고 그사이 엄마는 글을 쓰면서 갱년기를 이겨내고 있습니다. 귀한 시간 감사히 잘 쓰고 아들에게 방을 반납합니다. 건강하게 제대한 아들이 최고의 선물입니다.

몇 년 전 둘째 아이 학원에서 선생님이 전화가 왔습니다. 학부모 상담을 한다고 말이죠.
"학부모 상담해야 하는데 어머니 뭐 하시니?"
선생님의 질문에 아이는 엄마는 회사 다녀오면 밤에는 누워서 TV만 본다고 했답니다.

"주말엔 뭐 하실까?"

주말에도 종일 뒹굴거리고 TV만 본다고 했답니다. 선생님의 말씀에 부끄러웠습니다. 퇴근해서 집에 오면 소파와 한 몸이 되는 사람처럼 저는 집에 오면 아무것도 하지 않고 늘어진 채로 잠이 들곤 했죠. TV는 켜놔도 내용은 머리에 들어오지 않았답니다. 그런 제가 이젠 글 쓰는 엄마가 되었는데 아이는 선생님에게 엄마를 뭐라고 소개할지 궁금합니다. 아무것도 안 하고 누워있는 엄마라는 소리에 부끄러워서 일어난 거라고 해도 과언은 아니니까요. 엄마를 세우는 아들입니다.

병원에 입원 중인 어머니 곁에서 글 쓰는 지금 마음이 쓰라립니다. 어머니가 대장암 말기 판정을 받고 온 가족이 슬픔에 빠졌을 때의 황망함이란 미흡한 글솜씨로는 그 마음을 표현하기 어렵습니다. 어머니는 사람은 누구나 죽는 거니까 기죽지 말고 어깨 펴고 다니라고 하셨습니다. 당신의 아픔보다 자식들을 걱정하셨던 어머니. 아픔 따위는 자식들에게 보이기 싫고 참으면 되는 줄 알았던 어머니. 어머니의 병은 온 가족이 함께 이겨내도록 도와야 합니다. 혼자라면 외로워서 못 할 일입니다. 항암치료를 위한 식단을 조절하고 수술 후 회복을 위해 처리하는 모든 일은 사랑하는 가족의 힘이 필요한 일입니다.

어머니는 그동안 덕을 많이 쌓은 분이라는 생각을 해봅니다. 아픈 어머니를 바라보는 가족 모두가 마음 깊이 애달파 합니다. 어머니보다 더 가슴 아파하는 가족이 있다는 사실이 어머니가 그동안 베푼 은공이 아닌가 싶습니다. 아픔에 울어주는 가족이 있다는 사실만으로도 감사합니다. 우리 가족의 구세주였던 어머니를 이제는 자식들이 돌봐드리겠습니다.

밥숟가락 들기도 버거운 어머니에게 생선을 발라서 수저에 놔 드렸습니다. 그동안 어머니가 항상 하던 일이었는데 이제는 제가 해드리겠습니다. 손으로 생선 가시를 하나하나 발라서 자식들 먹이셨던 어머니에게 이제야 감사함을 깨닫습니다. 너무 늦지 않아서 다행입니다. 어머니가 좀 더 오래 제가 발라 드리는 생선을 드셨으면 좋겠습니다.

글을 쓰면서 책을 내기까지 고민이 많았습니다. 부끄러운 가족사를 꺼내야 하는지, 회사에서 일어난 일을 써도 되는지 염려가 되었습니다. 남들 다 하는데 혼자만 하는 것처럼 떠벌리는 건 아닌가 하는 생각이 들었답니다. 하지만 기록된 것만이 역사가 되듯 저의 소소한 일상을 풀어놓습니다. 역시나 기록이 역사가 되길 바라면서요. 나의 이야기가 누군가에겐 위로가 되었으면. 또 누군가에겐 도전이 되었으면. 울고 웃다 보니 세상 별거 아니라는 생각이 들었으면. 지금 내 삶이 감사한 줄 몰랐는데 이 또한 행운이었다는 것을 알았으면. 참 좋겠습니다.

어느 날 글이 저한테 왔습니다. 저는 앞으로 계속 쓰는 삶을 살아가고 싶습니다. 항상 응원해 주는 가족이 있으니까요. 제 글을 책으로 내자고 손잡아 준 임은자 작가님과 블로그 독자님들의 응원은 제가 갈 길에 힘이 되어 주셨습니다. 감사드리며 좋은 글로 보답하겠습니다.

마지막으로 저를 발견하고 출간까지 허락하신 행복우물 출판사에 감사드립니다.

publisher　　instagram

어쩌다 만난 재능

초판 발행 2025년 3월 4일
지은이 문주리
펴낸이 최대석　**펴낸곳** 행복우물　**출판등록** 307-2007-14호
등록일 2006년 10월 27일
주소 a1. 서울특별시 종로구 종로1길 50 더케이트윈타워 B동 위워크 2층
　　　a2. 경기도 가평군 경반안로 115
전화 031-581-0491　**팩스** 031-581-0492
전자우편 book@happypress.co.kr
정가 16,000원　**ISBN** 979-11-94192-21-3